The Great Book of
Sudoku

This edition published in 2018 by Arcturus Publishing Limited
26/27 Bickels Yard, 151–153 Bermondsey Street,
London SE1 3HA

AD006331NT

Printed in the UK

The Great Book of
Sudoku

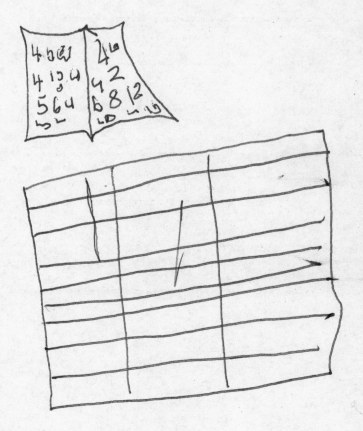

Contents

How to Solve a Sudoku Puzzle

Each puzzle begins with a grid in which some of the numbers are already in place:

	9	6			8		3	
		1		4	2			
5						8	1	9
4		7	1	2				3
		8	7		6	5		
2				9	4	6		1
8	7	2						5
			3	5		1		
	3		2			4	6	

You need to study the grid in order to decide where other numbers might fit. The numbers used in a sudoku puzzle are 1, 2, 3, 4, 5, 6, 7, 8 and 9 (0 is never used).

For example, in the top left box the number cannot be 9, 6, 8 or 3 (these numbers are already in the top row); nor can it be 5, 4 or 2 (these numbers are already in the far left column); nor can it be 1 (this number is already in the top left box of nine squares), so the number in the top left square is 7, since that is the only possible remaining number.

A completed puzzle is one where every row, every column and every box contains nine different numbers, as shown below:

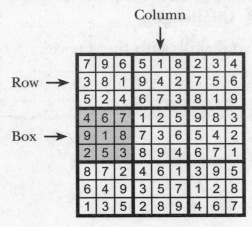

Column ↓

Row →

Box →

7	9	6	5	1	8	2	3	4
3	8	1	9	4	2	7	5	6
5	2	4	6	7	3	8	1	9
4	6	7	1	2	5	9	8	3
9	1	8	7	3	6	5	4	2
2	5	3	8	9	4	6	7	1
8	7	2	4	6	1	3	9	5
6	4	9	3	5	7	1	2	8
1	3	5	2	8	9	4	6	7

1

1					3	7	4	9
8	9			5	2	6		
3		6			9			8
4					7	3	8	
	2		1	8	6		7	
	8	1	3					5
9			6			1		2
		7	9	4			5	6
6	1	5	2					7

2

8	4			7			3	2
5		6	4		9	8	1	
	9			2			4	
7	6		2		1		5	4
		4	6		7	2		
2	1		3		4		9	6
	5			6			7	
	7	3	9		2	5		8
6	8			1			2	3

3 ✧

8			7			2		9
		1	5				7	4
2	4			9	6			8
6	5				4		9	7
		3		6		8		
7	8		2				1	6
9			1	8			4	3
5	2				3	9		
1		4			9			2

4

6			9	8	1			7
7	9	8	2			5		3
		4	7				9	
		1	6		8		4	
4		9		1		7		8
	2		4		9	3		
	3				6	1		
1		6			7	2	3	5
5			1	4	3			9

5 ✦

3		2	8	4			5	6
8					5		2	9
	4		2		9		1	
6		9		7	2			
		4	1		6	3		
			3	8		6		5
	5		6		3		4	
9	7		4					1
4	6			5	7	2		8

✧ 6

1	5	6				4	2	3
	2			4	6		8	
3				5	1			7
	6				9	8		5
		3	4	7	2	1		
7		9	8				3	
2			6	9				8
	9		7	1			4	
6	3	4				7	1	9

7 ✦

6	9		3		4		7	5
	7		1		5		9	4
8		4		9		2		
		9	5	6	8	3		
1	8						6	9
		3	7	1	9	5		
		7		5		1		6
5	1		9		6		2	
4	2		8		1		5	3

8

4		1		6			5	
		6	2			3	1	8
9				5	3	7		6
				4	5		8	
6	4	7		8		5	9	1
	8		6	7				
2		5	8	3				4
1	7	3			9	8		
	6			1		2		9

9 ✧

7		6		9	3	8		1
9			5	6	4		3	7
		2			7		4	
	3		4			1		
2		4		5		7		6
		5			9		2	
	1		9			5		
8	6		1	2	5			4
5		9	7	4		3		8

10

2		7	6		3	8		5
		5	2	8			1	6
	3	6					2	
				9	6		4	3
1			7		4			8
4	5		1	2				
	7					9	3	
6	2			5	9	4		
3		8	4		1	5		2

11 ✦

8		3	6			9		4
5			3	7		6	2	
2	4		9					7
4	8		1			2		
	9		4	8	6		5	
		7			5		8	1
9					1		7	5
	3	8		2	9			6
6		1			3	8		2

✧ 12

	4		5		9		7	
7	9			2			8	1
3		2		8		4		9
8		9	4		6	2		5
	6		2		1		9	
2		1	9		8	6		7
6		3		1		9		4
5	1			9			2	6
	2		6		5		3	

13 ✦

1	6			8	4	2		3
		3	2		9	8	1	
7						4		5
				4	6		5	2
	9		7		2		3	
8	2		9	1				
5		6						1
	1	7	6		5	3		
2		8	1	3			6	9

14

		6	7	4	8	3		2
2					3		8	
4		3			5	1		9
7			4		6		2	
8		2		7		4		3
	5		8		2			1
6		7	3			9		5
	1		6					7
5		9	1	2	7	8		

15 ✦

8		7	3			6		2
6	4				8		7	9
1				6				8
				7	4	2	8	3
	2	4		3		9	1	5
	3	8	5	1		7	6	4
3				2				1
2	1		6				5	7
4		5			9	3		6

67

29

3
4
5

16

5					7	9	4	3
9		3	4	5		2		
	1	8	9				6	
8		4		7			9	
	2		6	8	5		3	
	3			9		7		5
	4				8	1	7	
		5		6	3	8		4
2	8	7	1					6

17 ✧

	9	7			3			6
3	6		8	2			1	4
	2			9	6	5		
6		8		7			9	
2		1	5		9	7		8
	4			1		3		5
		3	7	4			8	
9	7			8	5		3	1
4			9			2	5	

18

3		6	7				8	5
	1				5		2	4
		7	4	9				1
1	8	9	2	7				
5	3			4			7	6
				8	3	2	1	9
6				3	4	5		
8	9		6				4	
4	7				2	3		8

19 ✦

5	4		2				9	3
6			4		1		5	
2	7		5	6				
		9	6	7		4		1
	6	7		1		8	3	
		5		4	3	7		
8				9	4		7	6
	1		3		8			2
9	3				6		1	8

✧ 20

2	4	7	6			1	9	
1	8				9		7	2
	9			7			5	
9		4		1	2			
5		8		6		2		4
			3	5		9		6
	5			4			6	
3	1		7				4	5
	7	6			8	3	2	1

21 ✧✧

	7		5		8		1	
3	1		2		7		6	4
		9		6		7		
		4	9	7	5	6		
7	2						8	5
		5	6	8	2	4		
		3		5		1		
8	5		4		3		9	6
	9		7		6		5	

22

		4	2		7	5		
8	9			6			4	2
5				9				3
9	3		6		2		1	5
		1	3		9	2		
6	2		1		4		9	7
7				2				1
1	8			3			2	4
		9	7		1	8		

23 ✦✦

5	9	1					2	
		8			5	4		3
				2	8			6
	5		3	7			6	4
9			4		1			2
1	3			5	6		8	
6			5	3				
4		7	9			8		
	2					6	7	9

24

	6		1		7			8
4	9				3		7	
				8	6		5	3
		7		5	8	9		
	4	2				5	8	
		5	4	7		6		
8	5		7	9				
	1		8				4	9
3			2		4		1	

25 ✧✧

	8	5	7	6				
2		9		5			3	
4		3					6	1
7			8			4		
9	3		5		6		8	2
		1			2			9
6	1					7		8
	4			2		9		5
				1	7	3	2	

31

✧✧ 26

3			8		6	9		4
		2		4			5	
9			1		2	6		
1			5			7	6	
4				8				2
	2	3			9			8
		5	4		7			9
	9			3		1		
2		7	6		8			5

27 ✦✦

2	5	8		4			3	
				1	2		9	
			8				7	
3		5	4		6	7		9
1	6						8	5
9		4	1		8	3		2
	4				3			
	9		2	6				
	2			7		6	5	3

✧✧ 28

7	2		5	1			4	
		9		3			6	2
1	3	8			6			
		5	9	8				
8		4				6		7
				4	7	5		
			2			3	5	1
3	4			9		7		
	6			7	1		9	8

29 ✧✧

		6	4		2	7		
9	1			8			2	6
	7			9			5	
2	8		6		3		4	9
		3	9		5	2		
5	9		2		8		7	3
	4			2			3	
1	3			5			6	2
		9	3		4	1		

✧✧ 30

			8	5		2	3	
	5	7	3			9		
		9	1		7		6	
4			7	8				2
2		3				7		1
5				2	3			8
	3		9		8	4		
		8			6	5	7	
	6	2		3	4			

31 ✧✧

1					2			
		6	4	9		5		8
	9	4		7		6	1	
	8		1			9	4	3
	7						2	
9	1	5			3		8	
	3	9		2		8	6	
2		7		1	8	3		
			5					4

✧✧ 32

3				5		9	6	8
4			9					
2				1	6			
	2	4	5		7	8	3	
9	8						1	7
	6	3	1		9	5	2	
			6	7				2
					3			5
8	3	7		4				6

33 ✧✧

	3					2		4
			8	9	7			
	5	1		3			6	7
		6			3	9	4	8
4			7		8			5
1	2	8	4			3		
7	8			4		6	3	
			5	7	1			
2		4					5	

✧✧ 34

1				6		8	7	
4	6	2	7					
	8	9		2	3		5	
3				4	1			
5		4				9		7
			9	5				3
	7		2	9		4	1	
					8	2	3	6
	5	6		1				9

35 ✧✧

	6			5		3		9
8	1					6		7
			4	1		5	2	
		7	2					4
9	2		5		1		6	3
3					9	8		
	9	6		8	4			
2		4					8	1
5		3		9			7	

✧✧ 36

		7	4		3			9
		9	6		2	1		4
5				8			7	
		6	7				1	8
		1		6		3		
4	2				9	5		
	9			3				1
7		3	2		6	8		
2			1		5	7		

37 ✧✧

		3			8			4
	1				9	5		6
	9		6	4			2	3
	7	4		8				9
		2	9		6	8		
1				2		3	6	
7	3			5	4		1	
9		8	3				7	
5			7			6		

✧✧ 38

	7		2					
9		3	4				2	
2				5	8	7		4
1		5			3	8		6
	4			6			5	
6		9	7			2		1
3		7	6	2				5
	8				9	1		7
					1		3	

39 ✦✦

	6		8		3	7		
		7			2	8	4	
	2	5		4	9			
9			2	5				4
3		8				2		5
5				9	8			1
			1	2		5	6	
	8	4	6			9		
		1	9		7		2	

✧✧ 40

		7	5		3	6		
8	5		2	7		4		
2						5		3
1	3			9	5			
	7		6		1		8	
			8	2			1	4
3		9						6
		1		4	9		5	2
		4	1		8	7		

41 ✧✧

	6	8	3			5	2	
5	9				2		8	7
	2			8			1	
			4	1		2		3
		9				7		
2		6		5	7			
	1			6			3	
4	5		8				6	1
	8	3			9	4	7	

✧✧ 42

8			4					3
7	3	5				8	4	9
		1	5	8		2		
5					8	6		
	7		3		1		9	
		4	2					7
		7		6	9	4		
6	5	9				7	3	1
1					5			2

43 ✦✦

				5	3			4
2	5	7		1				3
			7					6
	1	4	5		6	7	2	
9		2				8		5
	7	3	9		8	4	6	
1					9			
7				6		3	9	2
4			3	8				

✧✧ 44

		5	7					6
	7		4			9		3
	8			6	2		4	7
	5	4		1				8
		9	3		5	1		
3				9		2	7	
4	1		5	2			3	
5		6			3		8	
2					9	4		

45 ✧✧

	4				3	1	6	
		9	8		4		7	
	2	3		9	7			
7			1	4				2
2	9						1	5
6				2	9			4
			4	6		9	2	
	8		5		1	3		
	1	6	9				8	

✧✧ 46

2			1				3	5
	6		8		5			2
4	1		9	3				
		4	5	9		7		
5		8				4		1
		9		4	1	3		
				1	7		6	4
7			2		9		1	
3	5				6			9

47 ✧✧

		9	3	7	2	5		
6		3			4	9		8
	2				6			3
3			6				7	
5		7				1		4
	8				5			2
7			4				5	
1		4	8			2		9
		6	5	1	3	4		

✧✧ 48

		9		7	1			5
	2	4	9				1	
	8				6	4		7
				4	7	2	3	6
		5				9		
2	4	3	6	8				
9		7	8				4	
	3				5	1	6	
8			1	2		3		

49 ✧✧

				2	4		9	
		8			6	7	3	
7	6	9						5
8			9	4			1	2
	5		1		3		6	
9	3			7	2			4
5						1	4	6
	2	3	4			8		
	9		8	5				

✧✧ 50

3						2	9	
4	8			3		1		6
			7	5	1			
9	7	8	2				3	
		2	1		7	4		
	6				3	7	5	2
			4	1	8			
7		1		2			6	3
	2	9						4

51 ✧✧

	5	2				7		3
	9	1		6				4
6	8		5	3				
		9	6				3	
2		6	7		1	9		8
	4				2	5		
				7	5		1	2
8				1		6	9	
7		3				4	8	

52

		6	9	2	3	4		
	9		6					5
1		8	7			6		2
8					9		7	
6		2				5		9
	5		4					3
7		1			6	3		4
3					4		8	
		9	3	5	8	1		

53 ✧✧

5		2	7			6		9
		1		9		2		
	3	9			2	4	5	
2	7		8	1				
3								4
				5	3		2	6
	1	6	9			5	8	
		7		6		1		
8		3			4	9		7

54

	2			7		8		3
7		5		2	6			9
4	8	6	1					
			7	5			4	
	9	2				5	3	
	4			3	2			
					9	6	5	8
3			4	6		2		1
9		1		8			7	

55 ✦✦

2	5				6			1
				7	9		6	3
9			8		1		7	
		1		3	7	2		
5		4				3		7
		3	5	1		9		
	6		4		5			8
3	7		1	2				
8			7				2	5

✧✧ **56**

					6			2
	4	7		3		9	8	
3		1	9	5		4		
7	5	6	4				9	
	1						3	
	9				5	7	2	4
		8		7	2	6		9
	7	2		1		8	5	
5			3					

57 ✧✧

	4	2					9	8
		8		7			3	5
				2	1	6		7
9					6		1	
	3	6	2		7	8	5	
	5		3					4
8		3	1	4				
5	7			3		9		
1	6					4	2	

✧✧ 58

7	6			9			3	5
			8			1		
2		9		4	5			6
8	4	7			6		5	
	2						9	
	5		4			6	1	7
3			1	7		5		8
		4			9			
1	7			2			4	3

59 ✧✧

		4	6	8		3		
5	7	8				6	2	9
2			7					8
		1			8			6
	5		2		3		9	
9			4			7		
4					6			3
3	2	9				5	6	1
		7		1	5	9		

✧✧ 60

	7				9			8
		3	8	1	7	5		
9		8			4	3		2
8			9				1	
5		1				6		4
	2				5			7
6		4	2			7		3
		9	5	6	8	4		
1			4				5	

61 ✦✦

	1				3			6
9	5				7	3		
	3	7	8	1		4		
8		3		9			5	
2			6		5			9
	4			2		6		7
		5		8	6	2	7	
		4	5				6	1
7			9				8	

✧✧ 62

		1		6		8		
3	4		8		2		7	6
8			9		5			3
		7	5	8	1	6		
2	8						5	9
		5	2	9	6	7		
1			6		8			5
5	9		4		7		6	1
		4		5		3		

68

63 ✧✧

7	4		2	3		5		
			1			7		6
	1	6	4				2	
	7		8			6		9
5			6		4			1
9		8			5		3	
	9				2	4	8	
3		5			8			
		4		7	1		9	2

✧✧ 64

		9			6			
		5		8		3	7	6
		4	7	1				
9	4		2		8		5	3
	3	6				2	1	
5	7		6		1		4	8
				2	7	4		
2	5	3		9		7		
			5			8		

65 ✧✧

8				6	4		5	
	7	9			3	8		
			7			3	9	1
5	9			2		4		
		4	6		5	1		
		2		9			8	3
4	2	8			9			
		6	2			7	3	
	1		8	5				2

✧✧ 66

6	1			7		9		2
			8	1	4			
	3	7						4
		9	2			5	6	7
	7		6		1		4	
3	8	6			7	2		
2						3	7	
			1	5	6			
4		8		2			1	9

67 ✦✦

	4	6						3
			3	8	2			
9		8		4			7	1
6	9	2	4				1	
		4	8		9	3		
	7				1	9	5	4
3	2			1		8		7
			9	5	8			
1						4	6	

✧✧ 68

	4		7	9				
	6			1		3	8	7
	2				3			
4		2	5		1	8		6
8	3						5	9
7		6	3		9	1		4
			6				1	
6	8	5		2			7	
				5	7		4	

69 ✧✧

4	5		8				1	7
	9		4			3		
6			3	5	2			4
		8			3		7	
9	3						4	5
	2		6			9		
1			2	9	7			3
		7			6		2	
2	6				4		8	1

✧✧ 70

	1		3	7		8	2	
8					9	7		
	4				1	3		6
7	5			9		1		
2			1		3			9
		4		2			3	8
9		1	8				5	
		6	5					3
	8	5		6	7		4	

71 ✧✧

	4			2			5	
	6	5			1	9	7	
9	3		6				2	4
8		2		3	7			
		1				7		
			9	4		8		5
3	1				8		6	7
	2	6	5			3	8	
	8			6			4	

✧✧ 72

2			1	8				
5				6		9	1	7
4					9			
	2	4	3		6	7	5	
9	7						8	3
	1	5	9		8	6	2	
			5					6
7	5	3		4				1
				3	1			2

73 ✧✧

			4	8	1			
	1	3		7		5		6
9	2					7		
8	4	2			7			3
	5		1		4		2	
7			2			9	6	4
		5					9	2
3		7		2		4	1	
			5	1	6			

✧✧ 74

9	6		5	2				
4		8		6			3	
5		1				7	2	
		4	6					2
	1	6	7		8	4	9	
3					1	5		
	7	2				3		9
	9			8		6		4
				7	5		1	8

75 ✧✧

	9	3		8	4		2	
1		4	2				5	
		8	6					3
		2		6			7	8
6			4		2			9
3	4			9		5		
4					7	1		
	7				3	2		6
	5		8	1		7	3	

✧✧ 76

	3			4	5		8	
2	8	1				7	5	4
6					7			2
	4				9			7
		5	1		2	8		
8			6				3	
1			3					9
5	9	3				1	7	8
	6		7	9			2	

77 ✧✧

	7			4		8		
8			2		6		5	
5			1		3		2	9
1			8			9	4	
9				1				6
	2	3			5			7
6	8		3		1			4
	3		9		7			8
		5		6			9	

✧✧ 78

8	3	6		5		1		
					8	9		
			1	3		2		
1	8		7		4		9	2
6		4				3		7
2	5		9		3		6	8
		2		7	1			
		5	4					
		8		9		6	4	1

79 ✧✧

	4		3	7	9			
	6			2		9	4	8
	5		6		8			
5			8		7	4		
	8	7				2	1	
		4	2		5			3
			1		3		2	
1	3	9		5			6	
			9	6	4		3	

✧✧ 80

2	5	6				8	3	1
1			2	6				7
		8	5			9		
		5	4					6
	1		8		3		2	
7					9	1		
		4			7	3		
8				4	5			9
5	3	1				2	7	4

81 ✧✧✧

			1	3	9			
5								3
3	9		2		7		8	1
8	6		4		3		7	9
	7						1	
9	1		7		8		6	4
6	8		5		2		3	7
2								8
			8	7	6			

✧✧✧ 82

			6	5	9			
6		5	3		7	9		1
		4				5		
9		6	1		3	8		2
3								9
2		1	5		8	6		3
		7				1		
1		2	7		4	3		5
			2	3	1			

83 ✧✧✧

			9		2	4	1	
			8			6	9	
				6				5
	7	4	5		9	8	6	
5								4
	6	1	7		3	5	2	
2				3				
	4	3			8			
	8	5	2		6			

✧✧✧ 84

7								2
	8		7		9		3	
	9	1		5		8	7	
		7		4		5		
			1		6			
		4		2		7		
	4	9		3		2	5	
	3		4		7		1	
1								6

85 ✧✧✧

8				6				9
			2	3	8			
2		6	7		9	1		3
		2				9		
5								7
		3				8		
4		9	5		7	2		1
			1	4	6			
7				2				5

✧✧✧ 86

5		1					8	
2					3	9		
	7				8		4	2
					9			3
		6				2		
4			6					
3	4		9				5	
		8	5					9
	5					1		7

87 ✧✧✧

		4				8		
6	3						7	2
	7		8		3		4	
3				4				8
	6		3		5		1	
8				9				7
	5		1		8		2	
4	1						8	6
		9				5		

✧✧✧ 88

		4				6		5
5	7		6			8		
1				2			3	
	8	3			9			
			2			9	5	
	9			7				1
		7			8		9	4
3		6				5		

89 ✦✦✦

				4	2		6	
7	8	4		1			2	
			7				9	
2						9		
8	5						4	3
		1						7
	1				5			
	7			9		5	8	2
	6		2	3				

✧✧✧ 90

8			5		4			7
		9				3		
4		7				6		2
	4		2	3	5		8	
	7		1	6	9		3	
9		1				2		4
		4				8		
6			7		8			1

91 ✧✧✧

		5	9	3				4
					8		3	
7		9		6				
			3				5	
		6		7		1		
	8				2			
				1		6		9
	2		4					
1				2	6	7		

✧✧✧ 92

		9		1		8		
	1		5		3		7	
7			2		8			9
	9	7				4	5	
4								8
	8	5				6	2	
6			9		4			3
	2		6		1		9	
		8		5		1		

93 ✦✦✦

				8				
	4		7		2		1	
2			9		4			8
5	2		4		1		8	3
		4		6		5		
3	6		2		5		4	9
6			3		9			7
	9		1		7		3	
				5				

✧✧✧ **94**

	7			8			1	
	3	8	2		1	6	9	
			3	9	7			
		3				1		
	5						2	
		9				7		
			6	4	8			
	4	1	5		2	3	6	
	2			3			5	

95 ✧✧✧

	6	7				9	8	
1	3			2			6	5
		6	1		4	2		
	4						7	
		3	7		6	5		
3	7			6			9	2
	5	9				4	1	

✧✧✧ 96

3				4				2
	1		9		7		8	
		5	1		2	9		
4		3				5		1
	7						3	
6		9				4		7
		2	4		8	6		
	6		5		3		9	
9				2				3

97 ✦✦✦

2	8			4			9	7
		3				5		
		6	7		3	1		
	9			2			5	
			4		6			
	5			3			1	
		9	2		8	4		
		5				2		
8	1			6			7	3

✦✦✦ 98

			2					4
	3	9	5	7				
		6						
3	9				4			6
		7		3		1		
2			8				4	3
						3		
				1	3	7	9	
8					5			

99 ✧✧✧

	1	9		8				
	2		1	5		4		
					6			5
6					7			
	8			9			3	
			5					2
7			4					
		3		7	8		9	
				3		1	8	

✧✧✧ **100**

		6		4		1		
5			3		9			4
	1		8		7		2	
	5	3				4	6	
8								5
	9	1				7	8	
	7		1		4		5	
4			2		8			1
		9		3		2		

101 ✧✧✧

			8		3			
6		3				8		2
2	9						7	1
	1		4		5		8	
			3		6			
	4		2		7		9	
1	8						6	5
9		5				1		7
			1		9			

✧✧✧ 102

4							2	
6	3			5				
					8	9		
		2			9		4	
5	7			3			9	6
	6		7			1		
		7	1					
				6			8	4
	5							3

103 ✦✦✦

5	2			9			8	1
	6		3		2		7	
	7	5				6	1	
6		3				8		2
	1	2				4	9	
	4		5		7		2	
7	3			1			4	9

✧✧✧ 104

		9	6		2	1		
	2						5	
4			3		7			8
6	3		9		1		8	7
5	8		2		3		4	1
2			7		5			9
	7						6	
		4	1		6	8		

105 ✦✦✦

				8				
8	4						2	7
5	1		2	4		6		
	9	1	7					
		7				1		
					9	5	7	
		5		3	8		4	9
7	8						3	1
				7				

✧✧✧ 106

	1	2	7		9	5	3	
	9		8	4	1		7	
9	5		4		6		2	8
4								3
1	2		9		3		4	7
	3		1	8	4		9	
	4	9	6		7	3	8	

107 ✧✧✧

5	2		4		9			
6	7				5			
		4		7				
8	6		2		1		5	9
		2				6		
9	3		8		7		2	4
				9		2		
			5				9	1
			1		4		6	3

✧✧✧ 108

1		8				3		7
3			5		6			2
		5				1		
	5		9	4	8		1	
	4		7	2	3		6	
		4				7		
6			1		9			5
8		2				6		1

109 ✧✧✧

	1						8	
	8	9	5		3	7	2	
			9	8	2			
	7	6	8		4	5	9	
		5				2		
	9	2	7		5	6	4	
			6	5	7			
	6	7	3		1	8	5	
	3						7	

✧✧✧ **110**

9		8	1		2	4		6
1			5	7	6			2
4	5		7		3		2	8
	9						7	
7	1		2		9		6	4
2			6	5	7			9
5		9	3		1	2		7

111 ✧✧✧

	9				4			
8		4			6			
7		1	2		8			
2		9	3		5	7		4
	1						9	
4		6	8		9	1		5
			4		2	9		6
			6			3		1
				3			2	

✧✧✧ **112**

3				5			2	
		4			7		1	8
	1	7				9		
1		6			5			
			6			3		4
		1				7	3	
6	9		4			8		
	2			8				6

113 ✦✦✦

1			2		8			4
9	4						7	6
	6						8	
		6	7	3	5	8		
		2	4	1	9	3		
	9						3	
6	2						1	7
8			5		6			2

✧✧✧ 114

					9	4	7	
			3		6	2	9	
				4				3
	3	2	5		4	8	6	
7								2
	6	9	2		1	7	5	
2				6				
	8	7	1		3			
	1	6	9					

115 ✧✧✧

		2	8		7	6		
	4		6		2		7	
				3				
	3	5	1		8	9	6	
1				4				3
	6	4	5		3	1	2	
				9				
	5		2		1		9	
		1	7		5	8		

✦✦✦ 116

	6	4		8				
	7			2	6	8		
			3					2
1			5					
	8			7			6	
					2			9
5					9			
		3	4	5			1	
				6		7	4	

122

117 ✧✧✧

			2				8	3
				3		7		
			9		7		2	6
2	9		1		6		4	8
		8				6		
6	7		3		4		9	5
8	5		7		1			
		6		9				
9	1				2			

✧✧✧ 118

		8	9		6	3		
	5						8	
7			8		1			2
	6		1	9	4		2	
		1				9		
	2		6	8	5		4	
9			7		2			4
	7						3	
		5	4		8	6		

119 ✧✧✧

7	1	5		4				8
					5			3
			1	9				2
	8					3		
6	9						7	5
		4					1	
2				6	1			
4			8					
1				3		6	8	7

✧✧✧ 120

		4	9		7	2		
1				3				4
	7						9	
7	5		8		1		2	3
			3		2			
2	9		7		6		8	1
	3						5	
6				8				2
		5	1		9	6		

121 ✧✧✧

	5		7		9		8	
1			2		6			7
		7				4		
		5	9	2	3	6		
2								9
		3	6	7	4	5		
		1				8		
6			3		7			4
	3		8		5		2	

✧✧✧ 122

	9						7	
2			8		9			5
		1	6		3	9		
	4		7	9	6		2	
		3				8		
	2		4	3	8		6	
		6	9		4	7		
4			2		5			3
	1						5	

123 ✧✧✧

5			9		4			3
	4			1			6	
		8	3		5	7		
	7	9				6	5	
8								9
	3	2				8	1	
		4	7		9	5		
	5			3			2	
3			6		1			8

✧✧✧ 124

			5	1		7		
	1	8					6	
	3	9	6				2	
		4	8					
6		3				9		4
					6	2		
	4				8	1	9	
	6					5	4	
		5		6	1			

125 ✧✧✧

				4	5	3		7
						5		
	9				1			
	2		9				5	6
		3		5		4		
7	5				6		8	
			2				6	
		8						
5		7	1	3				

✧✧✧ 126

8	5	9		3				4
			5					1
				9	4			7
		3					5	
6	8						2	9
	4					1		
7			4	2				
3					6			
5				1		6	4	8

127 ✦✦✦

2			4		8			6
		4				9		
	1		3		5		7	
	8	5	6		2	7	3	
	9	7	5		4	1	6	
	4		9		3		2	
		3				8		
1			8		6			7

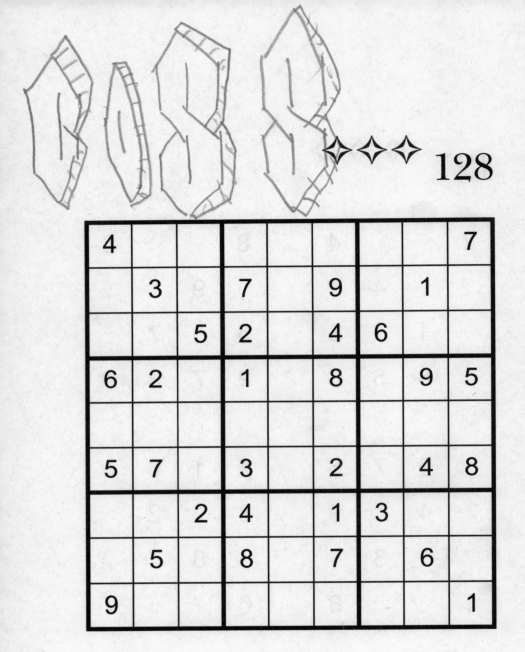

✧✧✧ 128

4								7
	3		7		9		1	
		5	2		4	6		
6	2		1		8		9	5
5	7		3		2		4	8
		2	4		1	3		
	5		8		7		6	
9								1

129 ✧✧✧

	7		9		8		1	
2	8						9	6
		1				3		
5				3				8
	9		4		1		2	
8				6				4
		8				6		
7	5						4	2
	6		8		4		5	

✧✧✧ 130

	2		9			5	6	
	7					3	2	
		3	5	7				
			7			4		
7		1				6		2
		2			9			
				5	3	8		
	5	9					7	
	1	6			7		4	

131 ✧✧✧

8	3	1		2		6		
			3			9		
				7	4	1		
1							9	
2		5				3		7
	4							1
		4	1	6				
		2			5			
		6		9		4	5	8

✧✧✧ 132

7	4		6					
2	6		5		1			
		1		7				
9	5		7		8		1	2
		2				4		
4	8		3		2		5	6
				5		2		
			1		3		9	4
					6		3	5

133 ✦✦✦

	5		2		9		4	
	2	9		8		5	1	
		6				9		
			6		5			
		3				2		
			8		2			
		1				3		
	7	2		5		4	6	
	4		3		1		8	

✧✧✧ **134**

3		4	8		7	2		1
2			9	3	1			4
1	7		2		4		9	5
	4						1	
5	3		1		8		2	6
7			3	1	9			2
4		6	7		2	5		9

135 ✧✧✧

6			7		3			9
	7		9		1		8	
		1		2		5		
	8	9				2	5	
5								3
	2	3				4	7	
		5		1		7		
	4		2		6		1	
7			8		5			4

✧✧✧ 136

		4				8		5
		9	4			2		1
7			6	8				
			5					3
1	3						4	2
9					4			
				4	8			6
8		1			5	3		
6		3				4		

137 ✧✧✧

					2		5	
			3	7			6	
2	6	4		9			8	
		6						5
	1	9				7	2	
3						6		
	8			5		4	3	1
	3			8	6			
	9		1					

✧✧✧ 138

5								
9	8		7	6				
			3			4		
		3	1			8	4	
6				8				2
	9	8			4	5		
		1			7			
				2	8		9	6
								8

139 ✧✧✧

				9				
9		6				1		7
	3			1	6	4		5
					5	9	3	
	9						7	
	7	5	9					
3		7	8	4			2	
6		4				8		9
				6				

140

3		5				7		6
	2		3		5		1	
	1						4	
		1		7		6		
	7		6		4		8	
		4		8		9		
	6						9	
	9		2		3		5	
4		8				2		3

141 ✧✧✧

	9	7				2	4	
		3	2		7	5		
5								1
	7			4			8	
		2	8		5	9		
	6			1			7	
7								4
		4	7		8	6		
	3	6				8	9	

✧✧✧ 142

			6		7			
2	8						7	4
	3	7				8	6	
4			8		5			7
			2		1			
6			3		9			5
	9	4				1	2	
3	7						9	6
			1		4			

143 ✦✦✦

6				3				8
		2	8		9	6		
	3		1		7		2	
2	6						7	5
		5				8		
7	8						9	4
	9		3		4		6	
		4	5		6	1		
8				7				3

✧✧✧ 144

	5		9		1		8	
				2				
		4	5		6	9		
	6	3	4		2	8	1	
5				7				2
	1	8	6		3	4	9	
		6	3		7	1		
				6				
	3		2		9		7	

145 ✦✦✦

		4				5		
	8		3		9		6	
1			4		2			7
	2	9	7		1	6	3	
	5	6	9		4	8	7	
8			2		7			6
	4		5		3		1	
		3				2		

✧✧✧ 146

6	9						7	1
	5	7				9	8	
			5		9			
9			7		4			6
			1		2			
4			8		3			5
			2		6			
	1	2				6	3	
5	3						9	8

147 ✧✧✧

	7		3		4		9	
3								4
5	1			8			2	7
			8		2			
4								5
			5		9			
6	5			9			3	8
2								6
	8		6		5		7	

✧✧✧ 148

	7	8	1		5			
3				2				
	2	4	6		8			
	1	7	4		9		3	
4								1
	3		5		2	7	9	
			2		7	1	8	
				8				2
			3		1	9	6	

149 ✧✧✧

							9	2
				8			7	4
		3	6			8		
5		9			1			
4				7				8
			3			5		7
		4			9	1		
2	6			4				
7	9							

✧✧✧ 150

	5	9		7		1	8	
8								3
	1		8		5		4	
		8		6		7		
			9		2			
		6		3		8		
	4		6		8		9	
9								2
	6	5		4		3	7	

151 ✧✧✧

	3	4		6		5	9	
7			9		1			8
1								2
		5		3		2		
			6		7			
		2		1		8		
2								3
5			3		4			6
	4	8		7		9	1	

✧✧✧ **152**

2			1		7			9
				3				
	7		2		9		5	
8	9		6		3		2	5
		3		5		8		
4	2		8		1		3	6
	4		9		8		6	
				4				
1			7		6			8

153 ✧✧✧

		6		1				8
	1		5			6		7
2	3						9	
	2	5	6					
					4	9	6	
	7						3	9
9		1			3		5	
8				4		2		

154

			3	7				
							8	
2		3	6	8		9		1
4				3			1	
1			5		8			9
	5			9				4
9		7		2	4	5		6
	4							
				5	7			

155 ✧✧✧

			9					7
				5		6		8
	9		6		3			
					9		4	6
8				6				5
4	2		1					
			2		6		1	
7		3		8				
6					7			

✧✧✧ 156

	2		1					
	9			7	5			
	3			4		1	6	5
5						4		
6	1						8	7
		2						3
3	6	8		2			5	
			5	8			9	
					3		4	

157 ✧✧✧

	2	1			9			
	4	5	7		1			
8				2				
	9	2	1		8	6	4	
4								8
	8	7	3		6	2	5	
				3				7
			2		7	9	8	
			9			4	3	

✧✧✧ 158

	8					6	3	
5		9	2				7	
		1		7				5
			5				6	2
8	5				4			
6				4		1		
	2				3	8		7
	3	8					9	

159 ✧✧✧

			4		2		7	1
			5		1		9	8
				7		4		
	5		6		4		8	2
		3				1		
2	1		3		8		5	
		5		4				
7	2		1		6			
3	4		9		7			

✧✧✧ 160

3			2		9			7
	1		6		4		8	
		9				6		
	2	7	8		5	3	4	
	6	3	1		2	5	9	
		4				8		
	3		5		6		7	
2			9		8			1

161 ✧✧✧

1			6		5			4
6		7		8		1		5
	5						9	
		5		2		8		
			3		7			
		2		9		5		
	7						3	
2		6		4		9		8
4			5		2			7

✧✧✧ 162

8	7		6	9			2	3
			2	7				
						6		
		4		5				6
3			1		7			4
6				3		7		
		1						
				2	5			
4	3			1	8		5	9

163 ✦✦✦

				1				
	2	1				8	9	
7				9	2	3	5	
8	3		1					
1								8
					3		1	7
	8	7	6	5				4
	5	2				1	6	
				2				

✧✧✧ 164

8								1
7		1	8		6	3		9
			7	9	1			
5		4	1		9	7		2
		9				4		
1		7	3		2	9		5
			5	3	4			
3		5	9		8	1		4
6								3

165 ✧✧✧

1	3		4	5			8	9
			1	9				
		4						
	4			7		6		
	6		2		9		3	
		9		3			4	
						2		
				1	7			
7	5			2	8		6	3

✧✧✧ 166

3		5				4		6
4	8						2	5
			4		3			
	9		7		6		3	
			1		2			
	4		9		5		8	
			8		1			
7	3						6	4
2		1				8		7

167 ✧✧✧

				7		8	5	
9					2			
	7		8	9		4		
					1			3
		8		4		7		
6			9					
		3		1	5		2	
			6					1
	4	5		8				

168

		1	8					
	2							4
				9			5	7
	9		1			8		
2	1			4			3	9
		6			3		7	
9	4			2				
7							6	
					5	3		

169 ✧✧✧

								1
			3	8				
	2	8	1	7		3	5	
	1			5				8
	5		6		8		9	
9				4			1	
	9	5		6	2	4	7	
				3	4			
6								

170

5				6				8
		7	8		2	5		
	6		4		1		7	
7	5						1	3
		3				8		
1	8						2	9
	2		6		9		5	
		9	3		5	4		
8				1				6

171 ✧✧✧

2		5		3				
			2		4		6	
		7	6					
			8			1	9	
		3		2		5		
	1	2			6			
					7	2		
	8		9		2			
				5		7		4

✧✧✧ 172

	4	5				1	3	
2		7		6		5		9
	7		4		5		9	
		8				4		
	5		2		8		6	
7		4		5		3		6
	3	9				2	8	

173 ✦✦✦

		3		9	6			
		2		4		3	1	5
		7	1					
	7							3
9		1				8		4
3							6	
					8	4		
5	8	6		7		2		
			3	2		6		

✧✧✧ 174

			3	2	8			
2								5
8	1		4		6		3	2
3	4		2		9		7	1
	8						4	
9	7		1		4		8	3
4	2		6		5		1	7
1								6
			7	4	1			

175 ✧✧✧

8					3			2
						5	7	
				2	7	1	6	
					4			9
	6			7			2	
5			8					
	1	7	3	6				
	9	5						
6			5					4

✧✧✧ 176

				4			3	1
							8	9
		2	5			4		
			2			7	1	
	3			1			4	
	7	9			6			
		3			9	6		
9	1							
5	8			3				

177 ✦✦✦

9	1		8	7				
	8							
			6			2		
		4	3			8		9
	7			8			1	
3		8			2	5		
		3			5			
							4	
				1	6		9	8

✧✧✧ 178

7								8
5		3	1		8	7		9
			7	5	9			
2		9	5		7	6		4
		6				5		
4		5	2		3	9		7
			6	3	4			
6		7	8		5	4		3
3								1

179 ✧✧✧

4			1		5			8
	1		8		4		3	
				6				
2	4		5		9		6	7
		6		3		9		
9	8		6		7		4	3
				2				
	2		9		8		7	
5			7		1			9

✧✧✧ 180

			1			9		
1			3		2			
				6		8	3	
					1	3		5
		8		3		6		
4		5	7					
	2	9		8				
			4		3			7
		3			9			

181 ✧✧✧

			2	8	6			
	8	5	4		3	2	6	
	2						3	
	9	8	7		5	6	2	
		1				8		
	7	6	8		2	1	9	
	5						4	
	1	2	3		8	9	5	
			1	5	9			

✧✧✧ 182

7			2		4			1
	5						2	
2		1		3		6		4
		2		5		9		
			6		8			
		3		9		2		
3		5		7		4		9
	8						6	
6			9		2			7

183 ✧✧✧

	9		6		8		2	
		3				7		
8			4		7			5
		8	2	6	9	4		
	5						1	
		4	8	5	1	9		
4			1		6			7
		6				2		
	3		9		5		6	

✧✧✧ 184

		5	9		4	7		
				5				
9			6		1			4
5		9	3		6	8		7
	2			4			6	
7		8	5		9	3		1
2			1		7			8
				6				
		3	2		5	1		

185 ✦✦✦

4	2			3	7		8	9
				8	2			
		7						
		8		4				7
1			8		5			4
7				6		1		
						5		
			6	2				
3	6		9	5			4	1

✧✧✧ 186

						7		8
	4		1				2	
			8	2		9		6
	7				4			
6				8				2
			5				3	
9		8		6	1			
	6				7		5	
3		7						

187 ✦✦✦

7							8	
		6	4					
				2			1	3
		5			9			1
6	7			8			2	9
2			6			4		
8	2			7				
					3	9		
	1							5

✧✧✧ 188

		3	1		4	7		
9			6		7			8
	7						2	
	9		5	4	6		1	
		4				6		
	5		2	7	1		9	
	3						8	
5			9		8			4
		1	7		5	2		

189 ✧✧✧

2		8				9		3
4		5		2	3		6	
				9				
			9				8	5
	8						9	
9	6				5			
				3				
	7		1	4		6		8
1		9				3		4

✧✧✧ 190

5				6		4	1	3
8			4					
9				2	1			
		8					5	
4	3						2	7
	1					6		
			1	7				9
					5			6
3	5	7		8				1

191 ✧✧✧

3			2		4			
				6		1	5	
					5		4	
			3				9	2
	7			4			6	
9	4				8			
	5		8					
	6	4		7				
			4		1			8

✧✧✧ 192

		3		1			9	
8					4	6	2	
4	2							5
7		2			1			
			7			8		3
2							3	4
	5	7	8					6
	9			6		7		

193 ✧✧✧

	3	5			9			6
		1		2			8	
7						5		9
8	6		4					
					2		5	4
9		8						5
	4			3		1		
3			6			7	4	

✧✧✧ 194

9		1						
7		3		5	9			
	5				4		8	
	6				2			
5				9				7
			8				1	
	2		1				7	
			4	7		9		3
						1		6

195 ✧✧✧

3								2
	5		3		6		9	
8	2						7	5
		4	7	9	5	6		
		3	1	4	8	2		
9	8						2	6
	6		2		1		3	
4								7

196

				1		7	6	
8			9		5			
			6				9	
					8		3	5
	4			9			1	
3	9		2					
	6				2			
			7		9			2
	1	9		4				

197 ✧✧✧

	9	3		2	6	5	4	
2								
				1	4			
3				4		8		
		9	2		7	3		
		8		9				7
			1	7				
								8
	7	6	8	5		9	1	

✧✧✧ 198

					3			8
		4	7	8			5	
	6	7		5				
			8					9
		5		4		7		
1					2			
				7		6	4	
	3			2	6	1		
2			9					

199 ✧✧✧

	7		8		5		1	
		4		7		2		
1			9		2			4
	2	8				3	9	
6								2
	4	1				6	8	
3			4		6			5
		2		8		7		
	9		3		7		4	

✧✧✧ 200

		3				5		
		4	5		7	9		
6	7			2			1	8
4				5				3
			9		2			
3				1				6
7	5			9			8	4
		2	8		1	6		
		1				3		

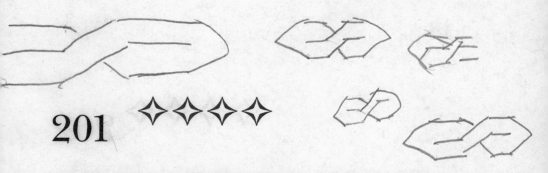

201 ✧✧✧✧

	9			8	2			
			9					
7	3					8		
	7			3				4
6			8		5			1
5				1			8	
		6					7	3
					4			
			2	6			1	

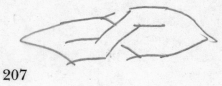

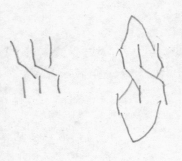

			7	⁵²⁸	3	¹²⁵	¹⁴	6
			⁶⁴6	⁵²	⁶⁹9	3	8	4
23569	3569	769	⁶⁸8	4	1	7	²⁵⁹	²⁵⁹
³⁷	³⁷	5	4	9	2	⁶¹	⁶¹	1
⁴⁷	2	⁴⁸	5	1	6	⁴⁸	3	⁷⁹
¹⁶	46	176	3	7	8	9	²⁵	25
³⁵	³⁵	2	1	6	⁷	⁸⁴⁵	⁴⁵	⁸⁵³
8	1	7	9	³3	⁴4	²⁵⁶	²⁵⁶	²⁵³
4	⁶	⁶	2	³8	5	¹	¹	¹ 3

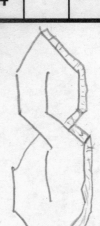

203 ✧✧✧✧

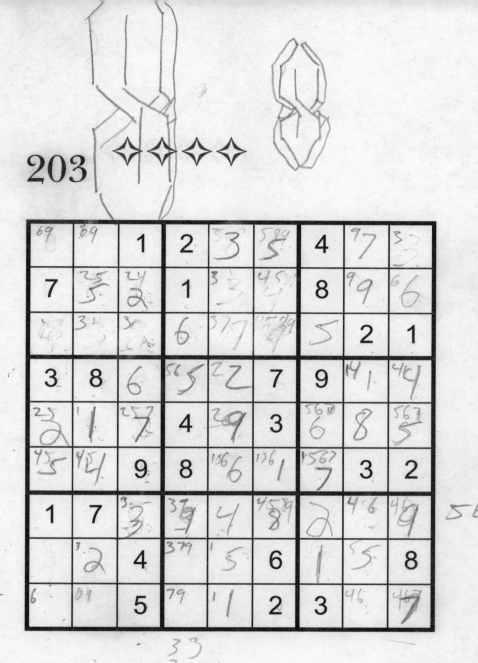

		1	2			4		
7			1			8		
							2	1
3	8				7	9		
			4		3			
		9	8				3	2
1	7							
		4			6			8
		5			2	3		

✧✧✧✧ 204

								5
3				1	9			
					6			
		1				6	9	
		5		4		7		
	2	8				3		
			2					
			5	7				8
9								

205 ✧✧✧

39

16 7   6 7 9

3	8	4	2	5	9	1	8	7
9	5	1	7	4	6	8	2	3
7	6	2	1	8	3	4	9	5
4	2	3	5	6	8	7	1	9
5	9	7	3	1	4	2	8	6
8	1	6	9	2	7	5	3	4
6	4	5	8	3	1	9	7	2
1	3	9	4	7	2	6	5	8
2	7	8	6	9	5	3	4	1

68

13

1 2

1 6 8

2346

367

25789

10/69

1234

247

358

169

9	256 356	356	7	1	8	2 2	46	346
367	367	8	4 9	5	2	13 1	679 9	36
1	2	4	9	3	6	857 7	857 5	87 8
258	59	59	1	4	3	6	2578	278
46 4	8	16 6	58 5	2	57 7	9	3	14 1
234 3	134 1	7	58 8	6	9	125 5	24	24
47 7	47 4	2	6	78 8	75 5	3	1	9
835 8	35	35	2	9	1	4	67	67
66 6	916	916	3	7	4	28 8	26 2	5

36

578

2
5

212

207 ✧✧✧✧

9⁹ ¹⁴⁷		6	4	8	3	7	5	3
8	12	2349 4	7		3		26	3 ⁶
37	5	2738 569		9	235	4	1	6838
4	86	48 8	2	56	9	1569	3	7
1	3	278 8	56	4	567	12568	9	12568 5
5	1267	9	3	167	8	1267	26	4
26 2	9	1	458 8	3	245 4	56	7	56 56
37	87	3578 8	15	15	6		4	2
6	4	3578 15	125	125	3	8	15 56

1
2
6
7
8

✧✧✧✧ 208

9		4			7			
2	8							
6				4				
	4	6			8		9	
		3	9		1	8		
	7		2			6	5	
				5				2
							3	8
			1			9		5

209 ✧✧✧✧

4		7		9		6		
			6				2	
		3						5
			9		1		8	
		9		4		7		
	5		2		7			
9						4		
	1				8			
		8		7		3		6

YEAH

✦✦✦✦ 210

67

3	8	2	4	5	9	6	1	7
4	1	9	6	7	3	2	8	5
5	7	6	2	8	1	3	4	9
9	6	3	8	2	5	1	7	4
8	5	4	1	6	7	9	3	2
7	2	1	3	9	4	5	6	8
6	4	5	9	1	8	7	2	3
2	9	8	7	3	6	4	5	1
1	3	7	5	4	2	8	9	6

8

2
7
8

OBOS

SBO   SOBS

BOBS   BOSS

BOBOS

216

BOSO

211 ★★★★

479	79	49	5	4	1	3	4	2
724	3	24	148	9	148	6	14	15
5	6	1	34	2	34	8	9	7
16	9	58		3		124	7	68
6	78	8	2	4	5	1	8	39
1267	4	23	1679	8	1679	12	5	396
8	15	7	36	36	36	9	2	4
49	2	6	8	1	8	57	3	8
3	15	49		5	2	57	6	1

356

34689

3	6	2	5	1	8	7	4	9
1	4	7	3	9	2	6	8	5
8	9	5	7	4	6	2	3	1
6	1	9	8	3	7	4	5	2
2	8	4	6	5	1	3	9	7
7	5	3	9	2	4	1	6	8
5	3	6	2	7	9	8	1	4
9	7	1	4	8	3	5	2	6
4	2	8	1	6	5	9	7	3

25
247
6
24
249

217

2 1 1 56 9 9
4 2 2 5
3 4 8
4 5
5 7
7

213

◇◇◇◇

	8					9		
		9		1		7	2	
6			4					
			5		1			4
		3		2		1		
9			3		6			
					8			5
	7		1		3	4		
		2					3	

MaMa

eights
by
9

8 16
2 4 ≠
32 40 48 56
6 4 72 80 88 96 that's the way we coun

✧✧✧✧ 214

		6			5	7		
	2				7	4		6
	1		2					3
						1		5
	7						3	
9		8						
1					3		6	
8		2	1				7	
		4	5			2		

215 ✦✦✦✦

		6		3				7
9	3				8		4	
2					1			
5		2		6				
	7						3	
			9			7		4
			5					6
	6		8				7	5
1				4		9		

✧✧✧✧ 216

	6							
					8		4	7
			5	6			8	
2				9		7		
6			3		4			9
		1		5				2
	4			3	1			
3	8		9					
							9	

217 ✦✦✦

2		8			7			
	7			9			4	8
					3			5
7			9			5		3
		2				6		
6		5			8			1
1			5					
4	5			8			6	
			6			1		9

		6			7			
1	2		5					8
		8			3		6	
			7	2			8	9
9	4			3	6			
	7		9			8		
3					5		7	2
			3			9		

yeah

5	2	8	5	1	18	12	8	32
5	2	8	5	1	14	61	84	73
5	6	6	4	2	13	7	7	18
5	6	2	6	3	6	6	9	4
7	9	2	8	4	6	3	9	4
7	9	9	8	8	6	3	8	4
10	1	1	8	3	3	6	4	8
8	4	1	41	1	1	6	4	8
3	3	3	8	2	2	1	1	8

	9					4		
			3					8
	1	7		6			3	
4			8		1			
	6			7			1	
			6		2			5
	5			1		3	9	
2					5			
		6					7	

221 ✧✧✧✧

		2	5	6				
					2			
	7	9						6
	3			4		6		
	8		3		6		4	
		7		9			1	
8						7	9	
			1					
				8	5	4		

✧✧✧✧ 222

		8		1		7	3	
	1					5		
2			6					
8			7		2			
		7		5		1		
			4		1			9
					8			4
		9					6	
	5	3		7		9		

223 ✧✧✧

9	347	3467	68	12	18	367 **6**	5	47
6	5	5	**4**	**7**	**3**	9	9	9
1348			**6**	**9**	**5**			
5	14	**2**	7 9 13		146 **6**			5
7		**6**	52 9	**8**	46 **4**	5		**1**
1(3)	1	1	52 9 123	17			**4**	**6**
149			³**3**	34 **6**	**2**	5789	479	4579 9
2348	3	3	**1**	**5**	**9**	678	467 **6**	4799
12	**6**		79	**4**	479	569	69	**3**

229

✧✧✧✧ 224

		8	1		3			
	3		5	9				
6	1	9						
				7	9		4	
1								2
	7		6	3				
						6	3	5
				8	5		2	
			4		2	9		

225 ◇◇◇◇

1		3						
5				6				
2	6				8			
		8	1			9	5	
	7		2		4		3	
	5	6			3	2		
			4				2	9
				9				1
						7		3

✧✧✧✧ 226

5						1		
					8			
			7	4	9			
	8	4						
		3		6		7		
						5	2	
			2	3	1			
			5					
		9						4

227 ✧✧✧✧

		6					9	
4			1					
	1			8		7	3	
5			8		2			
	3			7			8	
			4		3			6
	9	1		3			5	
					5			2
	7					8		

✧✧✧✧ 228

		5	8				1	
	8		2				9	
						8		2
1		3			5		4	
			9		3			
	4		1			2		3
5		8						
	7				2		3	
	9				6	1		

229 ✧✧✧✧

5			3					
3		2	4			5		
	9			6				1
					5		8	3
		7				2		
6	2		9					
2				7			5	
		6			4	7		9
					1			8

230

	3		9					
8	1							2
4				6		3		
		2		3		8		
			7		9			
		5		1		7		
		3		2				4
6							8	1
					7		9	

231 ✧✧✧✧

6						7	4	
			8					
				6	2		5	
		9		5			3	
		6	9		3	5		
	4			7		8		
	1		2	3				
					1			
	7	4						3

✧✧✧✧ 232

					1	7		9
7		3		9				
	4				5	6	3	
	1	5						4
9						3	1	
	6	4	8				7	
				3		4		5
5		8	2					

233 ✦✦✦

		6				9		4
	1			5		8		
					2			1
	9			1			6	
			2		7			
	7			4			3	
2			7					
		8		6			1	
9		4				5		

✧✧✧✧ 234

			1	7	9			
	5							4
					3			
						9	3	
	7			6			2	
	4	8						
			8					
3							1	
			5	4	2			

235 ✧✧✧

			1					
5							2	
			6	9	8			
2		3						
9				4				7
						6		1
			7	2	5			
	1							8
					3			

✧✧✧✧ 236

	5			6			1	
7	2		1			5		
		8	5					
2	9		8					
		1				6		
					7		9	4
					3	7		
		4			2		8	3
	7			5			6	

237 ✧✧✧✧

		8		2				
	2	6	7					
5		1						
2	8		5					6
	3		9		6		5	
7					1		8	4
						5		3
					9	4	6	
				4		1		

✧✧✧✧ 238

		4						
					3	5	6	
			8	4		3		
	1			9				6
	4		7		5		9	
2				8			1	
		5		7	2			
	7	3	9					
						9		

239 ✧✧✧✧

		5	8				7	4
	4		6				8	
		3			5			1
2	9							
		8				1		
							3	6
3			1			4		
	7				6		5	
9	5				3	8		

✧✧✧✧ 240

	6				8		3	
2					4	5	6	
1			9			4		
	4	8						
9								2
						7	5	
		9			6			4
	3	1	2					6
	2		8				1	

241 ✦✦✦✦

		5					1	9
			6					
				5	4			8
9				1			6	
	5		2		7		8	
	2			8				7
3			4	7				
					3			
1	9					7		

✧✧✧✧ 242

							7	
	1			7	8			
	5	4	1					
4				2		9		
		2	5		6	7		
		9		8				3
					2	6	1	
			3	6			5	
	2							

243 ✧✧✧✧

8			6					
1			8			2		
	7	2			9		6	
				6	4	5	8	
	8	1	2	7				
	1		9			7	3	
		4			6			1
					2			4

244

	4	6			7			9
		9		5		7		
8					9			
	6	2			8			
7								5
			4			2	3	
			1					4
		4		9		5		
3			6			8	1	

245 ✧✧✧✧

			2		6	1		
7	1							
9		3						4
	8			5				
		4	1		7	2		
				8			5	
2						3		7
							8	9
		1	9		5			

✧✧✧✧ 246

	7							9
			5	2	1			
			4					
						3		7
8				6				1
2		4						
					7			
			9	8	3			
5							2	

247 ✧✧✧✧

	2				8			
4				7			1	
	5	7			9	6		
2	3				4			
		1				7		
			5				6	1
		4	9			1	3	
	8			6				5
			3				4	

✧✧✧✧ 248

			8				1	
2		7		4		6		
		5						4
	3		9		4			
		4		5		7		
			7		1		6	
8						3		
		3		7		2		5
	9				6			

249 ✦✦✦✦

	9				7			6
						8	4	
3					2			1
5					8	9	3	
			6		3			
	2	3	9					5
6			2					4
	4	2						
9			4				8	

✧✧✧✧ 250

6			5					
			3				8	9
8		7		4		3		
5	6				4			3
	1						9	
2			8				6	1
		1		8		6		7
4	2				1			
					6			2

251 ✧✧✧✧

			4				2	
5								
6		1		3			4	5
					2		5	
3				1				9
	4		8					
4	5			9		6		3
								1
	8				7			

✧✧✧✧ 252

7					2		1	
		1		5			6	
5				1				2
		4	6			2		
			2		8			
		3			7	9		
4				6				9
	1			7		3		
	7		5					6

253 ✧✧✧✧

9			3		5			
	7	4				5		
							7	9
				1	8		4	
4		9				8		7
	1		7	6				
8	9							
		1				2	8	
			2		1			3

✧✧✧✧ 254

				6		4		5
	7		9	2			6	
								2
			7				8	
5				4				6
	3				1			
4								
	5			8	3		1	
2		9		5				

255 ✦✦✦✦

	3		4	5				
2	9	6						
		8	7					
		9			8		3	
4			6		2			9
	5		1			7		
					3	1		
						9	7	2
				1	7		6	

1

1	5	2	8	6	3	7	4	9
8	9	4	7	5	2	6	1	3
3	7	6	4	1	9	5	2	8
4	6	9	5	2	7	3	8	1
5	2	3	1	8	6	9	7	4
7	8	1	3	9	4	2	6	5
9	4	8	6	7	5	1	3	2
2	3	7	9	4	1	8	5	6
6	1	5	2	3	8	4	9	7

2

8	4	1	5	7	6	9	3	2
5	2	6	4	3	9	8	1	7
3	9	7	1	2	8	6	4	5
7	6	8	2	9	1	3	5	4
9	3	4	6	5	7	2	8	1
2	1	5	3	8	4	7	9	6
4	5	2	8	6	3	1	7	9
1	7	3	9	4	2	5	6	8
6	8	9	7	1	5	4	2	3

3

8	6	5	7	4	1	2	3	9
3	9	1	5	2	8	6	7	4
2	4	7	3	9	6	1	5	8
6	5	2	8	1	4	3	9	7
4	1	3	9	6	7	8	2	5
7	8	9	2	3	5	4	1	6
9	7	6	1	8	2	5	4	3
5	2	8	4	7	3	9	6	1
1	3	4	6	5	9	7	8	2

4

6	5	3	9	8	1	4	2	7
7	9	8	2	6	4	5	1	3
2	1	4	7	3	5	8	9	6
3	7	1	6	5	8	9	4	2
4	6	9	3	1	2	7	5	8
8	2	5	4	7	9	3	6	1
9	3	7	5	2	6	1	8	4
1	4	6	8	9	7	2	3	5
5	8	2	1	4	3	6	7	9

5

3	9	2	8	4	1	7	5	6
8	1	6	7	3	5	4	2	9
7	4	5	2	6	9	8	1	3
6	3	9	5	7	2	1	8	4
5	8	4	1	9	6	3	7	2
1	2	7	3	8	4	6	9	5
2	5	8	6	1	3	9	4	7
9	7	3	4	2	8	5	6	1
4	6	1	9	5	7	2	3	8

6

1	5	6	9	8	7	4	2	3
9	2	7	3	4	6	5	8	1
3	4	8	2	5	1	9	6	7
4	6	2	1	3	9	8	7	5
5	8	3	4	7	2	1	9	6
7	1	9	8	6	5	2	3	4
2	7	1	6	9	4	3	5	8
8	9	5	7	1	3	6	4	2
6	3	4	5	2	8	7	1	9

7

6	9	1	3	2	4	8	7	5
3	7	2	1	8	5	6	9	4
8	5	4	6	9	7	2	3	1
7	4	9	5	6	8	3	1	2
1	8	5	2	4	3	7	6	9
2	6	3	7	1	9	5	4	8
9	3	7	4	5	2	1	8	6
5	1	8	9	3	6	4	2	7
4	2	6	8	7	1	9	5	3

8

4	3	1	7	6	8	9	5	2
7	5	6	2	9	4	3	1	8
9	2	8	1	5	3	7	4	6
3	1	2	9	4	5	6	8	7
6	4	7	3	8	2	5	9	1
5	8	9	6	7	1	4	2	3
2	9	5	8	3	6	1	7	4
1	7	3	4	2	9	8	6	5
8	6	4	5	1	7	2	3	9

9

7	4	6	2	9	3	8	5	1
9	8	1	5	6	4	2	3	7
3	5	2	8	1	7	6	4	9
6	3	8	4	7	2	1	9	5
2	9	4	3	5	1	7	8	6
1	7	5	6	8	9	4	2	3
4	1	7	9	3	8	5	6	2
8	6	3	1	2	5	9	7	4
5	2	9	7	4	6	3	1	8

10

2	1	7	6	4	3	8	9	5
9	4	5	2	8	7	3	1	6
8	3	6	9	1	5	7	2	4
7	8	2	5	9	6	1	4	3
1	6	9	7	3	4	2	5	8
4	5	3	1	2	8	6	7	9
5	7	4	8	6	2	9	3	1
6	2	1	3	5	9	4	8	7
3	9	8	4	7	1	5	6	2

11

8	7	3	6	5	2	9	1	4
5	1	9	3	7	4	6	2	8
2	4	6	9	1	8	5	3	7
4	8	5	1	3	7	2	6	9
1	9	2	4	8	6	7	5	3
3	6	7	2	9	5	4	8	1
9	2	4	8	6	1	3	7	5
7	3	8	5	2	9	1	4	6
6	5	1	7	4	3	8	9	2

12

1	4	8	5	6	9	3	7	2
7	9	6	3	2	4	5	8	1
3	5	2	1	8	7	4	6	9
8	7	9	4	3	6	2	1	5
4	6	5	2	7	1	8	9	3
2	3	1	9	5	8	6	4	7
6	8	3	7	1	2	9	5	4
5	1	4	8	9	3	7	2	6
9	2	7	6	4	5	1	3	8

13

1	6	9	5	8	4	2	7	3
4	5	3	2	7	9	8	1	6
7	8	2	3	6	1	4	9	5
3	7	1	8	4	6	9	5	2
6	9	4	7	5	2	1	3	8
8	2	5	9	1	3	6	4	7
5	3	6	4	9	8	7	2	1
9	1	7	6	2	5	3	8	4
2	4	8	1	3	7	5	6	9

14

1	9	6	7	4	8	3	5	2
2	7	5	9	1	3	6	8	4
4	8	3	2	6	5	1	7	9
7	3	1	4	9	6	5	2	8
8	6	2	5	7	1	4	9	3
9	5	4	8	3	2	7	6	1
6	2	7	3	8	4	9	1	5
3	1	8	6	5	9	2	4	7
5	4	9	1	2	7	8	3	6

15

8	5	7	3	9	1	6	4	2
6	4	3	2	5	8	1	7	9
1	9	2	4	6	7	5	3	8
5	6	1	9	7	4	2	8	3
7	2	4	8	3	6	9	1	5
9	3	8	5	1	2	7	6	4
3	8	6	7	2	5	4	9	1
2	1	9	6	4	3	8	5	7
4	7	5	1	8	9	3	2	6

16

5	6	2	8	1	7	9	4	3
9	7	3	4	5	6	2	1	8
4	1	8	9	3	2	5	6	7
8	5	4	3	7	1	6	9	2
7	2	9	6	8	5	4	3	1
6	3	1	2	9	4	7	8	5
3	4	6	5	2	8	1	7	9
1	9	5	7	6	3	8	2	4
2	8	7	1	4	9	3	5	6

17

1	9	7	4	5	3	8	2	6
3	6	5	8	2	7	9	1	4
8	2	4	1	9	6	5	7	3
6	5	8	3	7	4	1	9	2
2	3	1	5	6	9	7	4	8
7	4	9	2	1	8	3	6	5
5	1	3	7	4	2	6	8	9
9	7	2	6	8	5	4	3	1
4	8	6	9	3	1	2	5	7

18

3	4	6	7	2	1	9	8	5
9	1	8	3	6	5	7	2	4
2	5	7	4	9	8	6	3	1
1	8	9	2	7	6	4	5	3
5	3	2	1	4	9	8	7	6
7	6	4	5	8	3	2	1	9
6	2	1	8	3	4	5	9	7
8	9	3	6	5	7	1	4	2
4	7	5	9	1	2	3	6	8

19

5	4	1	2	8	7	6	9	3
6	9	8	4	3	1	2	5	7
2	7	3	5	6	9	1	8	4
3	8	9	6	7	5	4	2	1
4	6	7	9	1	2	8	3	5
1	2	5	8	4	3	7	6	9
8	5	2	1	9	4	3	7	6
7	1	6	3	5	8	9	4	2
9	3	4	7	2	6	5	1	8

20

2	4	7	6	8	5	1	9	3
1	8	5	4	3	9	6	7	2
6	9	3	2	7	1	4	5	8
9	6	4	8	1	2	5	3	7
5	3	8	9	6	7	2	1	4
7	2	1	3	5	4	9	8	6
8	5	2	1	4	3	7	6	9
3	1	9	7	2	6	8	4	5
4	7	6	5	9	8	3	2	1

21

6	7	2	5	4	8	3	1	9
3	1	8	2	9	7	5	6	4
5	4	9	3	6	1	7	2	8
1	8	4	9	7	5	6	3	2
7	2	6	1	3	4	9	8	5
9	3	5	6	8	2	4	7	1
2	6	3	8	5	9	1	4	7
8	5	7	4	1	3	2	9	6
4	9	1	7	2	6	8	5	3

22

3	6	4	2	1	7	5	8	9
8	9	7	5	6	3	1	4	2
5	1	2	4	9	8	6	7	3
9	3	8	6	7	2	4	1	5
4	7	1	3	5	9	2	6	8
6	2	5	1	8	4	3	9	7
7	4	3	8	2	6	9	5	1
1	8	6	9	3	5	7	2	4
2	5	9	7	4	1	8	3	6

23

5	9	1	6	4	3	7	2	8
2	6	8	7	9	5	4	1	3
7	4	3	1	2	8	5	9	6
8	5	2	3	7	9	1	6	4
9	7	6	4	8	1	3	5	2
1	3	4	2	5	6	9	8	7
6	8	9	5	3	7	2	4	1
4	1	7	9	6	2	8	3	5
3	2	5	8	1	4	6	7	9

24

5	6	3	1	4	7	2	9	8
4	9	8	5	2	3	1	7	6
7	2	1	9	8	6	4	5	3
1	3	7	6	5	8	9	2	4
6	4	2	3	1	9	5	8	7
9	8	5	4	7	2	6	3	1
8	5	4	7	9	1	3	6	2
2	1	6	8	3	5	7	4	9
3	7	9	2	6	4	8	1	5

25

1	8	5	7	6	3	2	9	4
2	6	9	1	5	4	8	3	7
4	7	3	2	8	9	5	6	1
7	2	6	8	9	1	4	5	3
9	3	4	5	7	6	1	8	2
8	5	1	3	4	2	6	7	9
6	1	2	9	3	5	7	4	8
3	4	7	6	2	8	9	1	5
5	9	8	4	1	7	3	2	6

26

3	5	1	8	7	6	9	2	4
7	6	2	9	4	3	8	5	1
9	4	8	1	5	2	6	3	7
1	8	9	5	2	4	7	6	3
4	7	6	3	8	1	5	9	2
5	2	3	7	6	9	4	1	8
6	3	5	4	1	7	2	8	9
8	9	4	2	3	5	1	7	6
2	1	7	6	9	8	3	4	5

27

2	5	8	7	4	9	1	3	6
4	3	7	6	1	2	5	9	8
6	1	9	8	3	5	2	7	4
3	8	5	4	2	6	7	1	9
1	6	2	3	9	7	4	8	5
9	7	4	1	5	8	3	6	2
7	4	6	5	8	3	9	2	1
5	9	3	2	6	1	8	4	7
8	2	1	9	7	4	6	5	3

28

7	2	6	5	1	9	8	4	3
4	5	9	7	3	8	1	6	2
1	3	8	4	2	6	9	7	5
6	7	5	9	8	3	2	1	4
8	9	4	1	5	2	6	3	7
2	1	3	6	4	7	5	8	9
9	8	7	2	6	4	3	5	1
3	4	1	8	9	5	7	2	6
5	6	2	3	7	1	4	9	8

29

8	5	6	4	3	2	7	9	1
9	1	4	5	8	7	3	2	6
3	7	2	1	9	6	8	5	4
2	8	7	6	1	3	5	4	9
4	6	3	9	7	5	2	1	8
5	9	1	2	4	8	6	7	3
6	4	5	8	2	1	9	3	7
1	3	8	7	5	9	4	6	2
7	2	9	3	6	4	1	8	5

30

6	1	4	8	5	9	2	3	7
8	5	7	3	6	2	9	1	4
3	2	9	1	4	7	8	6	5
4	9	6	7	8	1	3	5	2
2	8	3	6	9	5	7	4	1
5	7	1	4	2	3	6	9	8
1	3	5	9	7	8	4	2	6
9	4	8	2	1	6	5	7	3
7	6	2	5	3	4	1	8	9

31

1	5	8	3	6	2	4	9	7
7	2	6	4	9	1	5	3	8
3	9	4	8	7	5	6	1	2
6	8	2	1	5	7	9	4	3
4	7	3	9	8	6	1	2	5
9	1	5	2	4	3	7	8	6
5	3	9	7	2	4	8	6	1
2	4	7	6	1	8	3	5	9
8	6	1	5	3	9	2	7	4

32

3	7	1	4	5	2	9	6	8
4	5	6	9	3	8	2	7	1
2	9	8	7	1	6	4	5	3
1	2	4	5	6	7	8	3	9
9	8	5	3	2	4	6	1	7
7	6	3	1	8	9	5	2	4
5	4	9	6	7	1	3	8	2
6	1	2	8	9	3	7	4	5
8	3	7	2	4	5	1	9	6

33

8	3	7	6	1	5	2	9	4
6	4	2	8	9	7	5	1	3
9	5	1	2	3	4	8	6	7
5	7	6	1	2	3	9	4	8
4	9	3	7	6	8	1	2	5
1	2	8	4	5	9	3	7	6
7	8	5	9	4	2	6	3	1
3	6	9	5	7	1	4	8	2
2	1	4	3	8	6	7	5	9

34

1	3	5	4	6	9	8	7	2
4	6	2	7	8	5	3	9	1
7	8	9	1	2	3	6	5	4
3	9	7	6	4	1	5	2	8
5	1	4	8	3	2	9	6	7
6	2	8	9	5	7	1	4	3
8	7	3	2	9	6	4	1	5
9	4	1	5	7	8	2	3	6
2	5	6	3	1	4	7	8	9

35

4	6	2	8	5	7	3	1	9
8	1	5	9	2	3	6	4	7
7	3	9	4	1	6	5	2	8
6	5	7	2	3	8	1	9	4
9	2	8	5	4	1	7	6	3
3	4	1	6	7	9	8	5	2
1	9	6	7	8	4	2	3	5
2	7	4	3	6	5	9	8	1
5	8	3	1	9	2	4	7	6

36

1	6	7	4	5	3	2	8	9
8	3	9	6	7	2	1	5	4
5	4	2	9	8	1	6	7	3
3	5	6	7	2	4	9	1	8
9	7	1	5	6	8	3	4	2
4	2	8	3	1	9	5	6	7
6	9	5	8	3	7	4	2	1
7	1	3	2	4	6	8	9	5
2	8	4	1	9	5	7	3	6

37

2	6	3	5	1	8	7	9	4
4	1	7	2	3	9	5	8	6
8	9	5	6	4	7	1	2	3
6	7	4	1	8	3	2	5	9
3	5	2	9	7	6	8	4	1
1	8	9	4	2	5	3	6	7
7	3	6	8	5	4	9	1	2
9	2	8	3	6	1	4	7	5
5	4	1	7	9	2	6	3	8

38

8	7	4	2	9	6	5	1	3
9	5	3	4	1	7	6	2	8
2	6	1	3	5	8	7	9	4
1	2	5	9	4	3	8	7	6
7	4	8	1	6	2	3	5	9
6	3	9	7	8	5	2	4	1
3	1	7	6	2	4	9	8	5
4	8	2	5	3	9	1	6	7
5	9	6	8	7	1	4	3	2

39

4	6	9	8	1	3	7	5	2
1	3	7	5	6	2	8	4	9
8	2	5	7	4	9	1	3	6
9	7	6	2	5	1	3	8	4
3	1	8	4	7	6	2	9	5
5	4	2	3	9	8	6	7	1
7	9	3	1	2	4	5	6	8
2	8	4	6	3	5	9	1	7
6	5	1	9	8	7	4	2	3

40

9	4	7	5	1	3	6	2	8
8	5	3	2	7	6	4	9	1
2	1	6	9	8	4	5	7	3
1	3	8	4	9	5	2	6	7
4	7	2	6	3	1	9	8	5
6	9	5	8	2	7	3	1	4
3	8	9	7	5	2	1	4	6
7	6	1	3	4	9	8	5	2
5	2	4	1	6	8	7	3	9

41

7	6	8	3	9	1	5	2	4
5	9	1	6	4	2	3	8	7
3	2	4	7	8	5	6	1	9
8	7	5	4	1	6	2	9	3
1	4	9	2	3	8	7	5	6
2	3	6	9	5	7	1	4	8
9	1	7	5	6	4	8	3	2
4	5	2	8	7	3	9	6	1
6	8	3	1	2	9	4	7	5

42

8	6	2	4	9	7	1	5	3
7	3	5	6	1	2	8	4	9
4	9	1	5	8	3	2	7	6
5	1	3	9	7	8	6	2	4
2	7	6	3	4	1	5	9	8
9	8	4	2	5	6	3	1	7
3	2	7	1	6	9	4	8	5
6	5	9	8	2	4	7	3	1
1	4	8	7	3	5	9	6	2

43

6	9	1	8	5	3	2	7	4
2	5	7	6	1	4	9	8	3
3	4	8	7	9	2	1	5	6
8	1	4	5	3	6	7	2	9
9	6	2	1	4	7	8	3	5
5	7	3	9	2	8	4	6	1
1	3	6	2	7	9	5	4	8
7	8	5	4	6	1	3	9	2
4	2	9	3	8	5	6	1	7

44

9	4	5	7	3	1	8	2	6
6	7	2	4	5	8	9	1	3
1	8	3	9	6	2	5	4	7
7	5	4	2	1	6	3	9	8
8	2	9	3	7	5	1	6	4
3	6	1	8	9	4	2	7	5
4	1	8	5	2	7	6	3	9
5	9	6	1	4	3	7	8	2
2	3	7	6	8	9	4	5	1

45

8	4	7	2	5	3	1	6	9
5	6	9	8	1	4	2	7	3
1	2	3	6	9	7	4	5	8
7	3	8	1	4	5	6	9	2
2	9	4	3	8	6	7	1	5
6	5	1	7	2	9	8	3	4
3	7	5	4	6	8	9	2	1
9	8	2	5	7	1	3	4	6
4	1	6	9	3	2	5	8	7

46

2	8	7	1	6	4	9	3	5
9	6	3	8	7	5	1	4	2
4	1	5	9	3	2	6	8	7
1	3	4	5	9	8	7	2	6
5	7	8	6	2	3	4	9	1
6	2	9	7	4	1	3	5	8
8	9	2	3	1	7	5	6	4
7	4	6	2	5	9	8	1	3
3	5	1	4	8	6	2	7	9

47

8	1	9	3	7	2	5	4	6
6	7	3	1	5	4	9	2	8
4	2	5	9	8	6	7	1	3
3	4	2	6	9	1	8	7	5
5	6	7	2	3	8	1	9	4
9	8	1	7	4	5	3	6	2
7	3	8	4	2	9	6	5	1
1	5	4	8	6	7	2	3	9
2	9	6	5	1	3	4	8	7

48

3	6	9	4	7	1	8	2	5
7	2	4	9	5	8	6	1	3
5	8	1	2	3	6	4	9	7
1	9	8	5	4	7	2	3	6
6	7	5	3	1	2	9	8	4
2	4	3	6	8	9	7	5	1
9	1	7	8	6	3	5	4	2
4	3	2	7	9	5	1	6	8
8	5	6	1	2	4	3	7	9

49

3	1	5	7	2	4	6	9	8
2	4	8	5	9	6	7	3	1
7	6	9	3	1	8	4	2	5
8	7	6	9	4	5	3	1	2
4	5	2	1	8	3	9	6	7
9	3	1	6	7	2	5	8	4
5	8	7	2	3	9	1	4	6
1	2	3	4	6	7	8	5	9
6	9	4	8	5	1	2	7	3

50

3	1	7	6	8	4	2	9	5
4	8	5	9	3	2	1	7	6
2	9	6	7	5	1	3	4	8
9	7	8	2	4	5	6	3	1
5	3	2	1	6	7	4	8	9
1	6	4	8	9	3	7	5	2
6	5	3	4	1	8	9	2	7
7	4	1	5	2	9	8	6	3
8	2	9	3	7	6	5	1	4

51

4	5	2	1	8	9	7	6	3
3	9	1	2	6	7	8	5	4
6	8	7	5	3	4	1	2	9
5	7	9	6	4	8	2	3	1
2	3	6	7	5	1	9	4	8
1	4	8	3	9	2	5	7	6
9	6	4	8	7	5	3	1	2
8	2	5	4	1	3	6	9	7
7	1	3	9	2	6	4	8	5

52

5	7	6	9	2	3	4	1	8
2	9	4	6	8	1	7	3	5
1	3	8	7	4	5	6	9	2
8	4	3	5	6	9	2	7	1
6	1	2	8	3	7	5	4	9
9	5	7	4	1	2	8	6	3
7	8	1	2	9	6	3	5	4
3	2	5	1	7	4	9	8	6
4	6	9	3	5	8	1	2	7

53

5	8	2	7	4	1	6	3	9
6	4	1	3	9	5	2	7	8
7	3	9	6	8	2	4	5	1
2	7	4	8	1	6	3	9	5
3	6	5	2	7	9	8	1	4
1	9	8	4	5	3	7	2	6
4	1	6	9	3	7	5	8	2
9	2	7	5	6	8	1	4	3
8	5	3	1	2	4	9	6	7

54

1	2	9	5	7	4	8	6	3
7	3	5	8	2	6	4	1	9
4	8	6	1	9	3	7	2	5
6	1	3	7	5	8	9	4	2
8	9	2	6	4	1	5	3	7
5	4	7	9	3	2	1	8	6
2	7	4	3	1	9	6	5	8
3	5	8	4	6	7	2	9	1
9	6	1	2	8	5	3	7	4

55

2	5	7	3	4	6	8	9	1
4	1	8	2	7	9	5	6	3
9	3	6	8	5	1	4	7	2
6	8	1	9	3	7	2	5	4
5	9	4	6	8	2	3	1	7
7	2	3	5	1	4	9	8	6
1	6	2	4	9	5	7	3	8
3	7	5	1	2	8	6	4	9
8	4	9	7	6	3	1	2	5

56

9	8	5	7	4	6	3	1	2
6	4	7	2	3	1	9	8	5
3	2	1	9	5	8	4	6	7
7	5	6	4	2	3	1	9	8
2	1	4	8	9	7	5	3	6
8	9	3	1	6	5	7	2	4
1	3	8	5	7	2	6	4	9
4	7	2	6	1	9	8	5	3
5	6	9	3	8	4	2	7	1

57

7	4	2	5	6	3	1	9	8
6	1	8	9	7	4	2	3	5
3	9	5	8	2	1	6	4	7
9	8	7	4	5	6	3	1	2
4	3	6	2	1	7	8	5	9
2	5	1	3	9	8	7	6	4
8	2	3	1	4	9	5	7	6
5	7	4	6	3	2	9	8	1
1	6	9	7	8	5	4	2	3

58

7	6	8	2	9	1	4	3	5
4	3	5	8	6	7	1	2	9
2	1	9	3	4	5	7	8	6
8	4	7	9	1	6	3	5	2
6	2	1	7	5	3	8	9	4
9	5	3	4	8	2	6	1	7
3	9	2	1	7	4	5	6	8
5	8	4	6	3	9	2	7	1
1	7	6	5	2	8	9	4	3

59

1	9	4	6	8	2	3	5	7
5	7	8	1	3	4	6	2	9
2	6	3	7	5	9	4	1	8
7	4	1	5	9	8	2	3	6
8	5	6	2	7	3	1	9	4
9	3	2	4	6	1	7	8	5
4	1	5	9	2	6	8	7	3
3	2	9	8	4	7	5	6	1
6	8	7	3	1	5	9	4	2

60

4	7	5	3	2	9	1	6	8
2	6	3	8	1	7	5	4	9
9	1	8	6	5	4	3	7	2
8	4	7	9	3	6	2	1	5
5	9	1	7	8	2	6	3	4
3	2	6	1	4	5	8	9	7
6	5	4	2	9	1	7	8	3
7	3	9	5	6	8	4	2	1
1	8	2	4	7	3	9	5	6

61

4	1	8	2	5	3	7	9	6
9	5	2	4	6	7	3	1	8
6	3	7	8	1	9	4	2	5
8	6	3	7	9	4	1	5	2
2	7	1	6	3	5	8	4	9
5	4	9	1	2	8	6	3	7
1	9	5	3	8	6	2	7	4
3	8	4	5	7	2	9	6	1
7	2	6	9	4	1	5	8	3

62

7	5	1	3	6	4	8	9	2
3	4	9	8	1	2	5	7	6
8	6	2	9	7	5	4	1	3
9	3	7	5	8	1	6	2	4
2	8	6	7	4	3	1	5	9
4	1	5	2	9	6	7	3	8
1	7	3	6	2	8	9	4	5
5	9	8	4	3	7	2	6	1
6	2	4	1	5	9	3	8	7

63

7	4	9	2	3	6	5	1	8
2	5	3	1	8	9	7	4	6
8	1	6	4	5	7	9	2	3
4	7	1	8	2	3	6	5	9
5	3	2	6	9	4	8	7	1
9	6	8	7	1	5	2	3	4
1	9	7	3	6	2	4	8	5
3	2	5	9	4	8	1	6	7
6	8	4	5	7	1	3	9	2

64

7	8	9	3	5	6	1	2	4
1	2	5	4	8	9	3	7	6
3	6	4	7	1	2	5	8	9
9	4	1	2	7	8	6	5	3
8	3	6	9	4	5	2	1	7
5	7	2	6	3	1	9	4	8
6	9	8	1	2	7	4	3	5
2	5	3	8	9	4	7	6	1
4	1	7	5	6	3	8	9	2

65

8	3	1	9	6	4	2	5	7
2	7	9	5	1	3	8	6	4
6	4	5	7	8	2	3	9	1
5	9	3	1	2	8	4	7	6
7	8	4	6	3	5	1	2	9
1	6	2	4	9	7	5	8	3
4	2	8	3	7	9	6	1	5
9	5	6	2	4	1	7	3	8
3	1	7	8	5	6	9	4	2

66

6	1	4	3	7	5	9	8	2
9	2	5	8	1	4	7	3	6
8	3	7	9	6	2	1	5	4
1	4	9	2	3	8	5	6	7
5	7	2	6	9	1	8	4	3
3	8	6	5	4	7	2	9	1
2	6	1	4	8	9	3	7	5
7	9	3	1	5	6	4	2	8
4	5	8	7	2	3	6	1	9

67

2	4	6	1	9	7	5	8	3
7	5	1	3	8	2	6	4	9
9	3	8	5	4	6	2	7	1
6	9	2	4	3	5	7	1	8
5	1	4	8	7	9	3	2	6
8	7	3	2	6	1	9	5	4
3	2	5	6	1	4	8	9	7
4	6	7	9	5	8	1	3	2
1	8	9	7	2	3	4	6	5

68

3	4	8	7	9	5	2	6	1
5	6	9	4	1	2	3	8	7
1	2	7	8	6	3	4	9	5
4	9	2	5	7	1	8	3	6
8	3	1	2	4	6	7	5	9
7	5	6	3	8	9	1	2	4
9	7	4	6	3	8	5	1	2
6	8	5	1	2	4	9	7	3
2	1	3	9	5	7	6	4	8

69

4	5	3	8	6	9	2	1	7
8	9	2	4	7	1	3	5	6
6	7	1	3	5	2	8	9	4
5	1	8	9	4	3	6	7	2
9	3	6	7	2	8	1	4	5
7	2	4	6	1	5	9	3	8
1	8	5	2	9	7	4	6	3
3	4	7	1	8	6	5	2	9
2	6	9	5	3	4	7	8	1

70

6	1	9	3	7	5	8	2	4
8	3	2	6	4	9	7	1	5
5	4	7	2	8	1	3	9	6
7	5	3	4	9	8	1	6	2
2	6	8	1	5	3	4	7	9
1	9	4	7	2	6	5	3	8
9	2	1	8	3	4	6	5	7
4	7	6	5	1	2	9	8	3
3	8	5	9	6	7	2	4	1

71

1	4	7	3	2	9	6	5	8
2	6	5	4	8	1	9	7	3
9	3	8	6	7	5	1	2	4
8	5	2	1	3	7	4	9	6
4	9	1	8	5	6	7	3	2
6	7	3	9	4	2	8	1	5
3	1	4	2	9	8	5	6	7
7	2	6	5	1	4	3	8	9
5	8	9	7	6	3	2	4	1

72

2	9	7	1	8	3	4	6	5
5	3	8	2	6	4	9	1	7
4	6	1	7	5	9	2	3	8
8	2	4	3	1	6	7	5	9
9	7	6	4	2	5	1	8	3
3	1	5	9	7	8	6	2	4
1	8	2	5	9	7	3	4	6
7	5	3	6	4	2	8	9	1
6	4	9	8	3	1	5	7	2

73

5	7	6	4	8	1	2	3	9
4	1	3	9	7	2	5	8	6
9	2	8	3	6	5	7	4	1
8	4	2	6	9	7	1	5	3
6	5	9	1	3	4	8	2	7
7	3	1	2	5	8	9	6	4
1	8	5	7	4	3	6	9	2
3	6	7	8	2	9	4	1	5
2	9	4	5	1	6	3	7	8

74

9	6	7	5	2	3	8	4	1
4	2	8	1	6	7	9	3	5
5	3	1	8	9	4	7	2	6
7	5	4	6	3	9	1	8	2
2	1	6	7	5	8	4	9	3
3	8	9	2	4	1	5	6	7
8	7	2	4	1	6	3	5	9
1	9	5	3	8	2	6	7	4
6	4	3	9	7	5	2	1	8

75

5	9	3	7	8	4	6	2	1
1	6	4	2	3	9	8	5	7
7	2	8	6	5	1	9	4	3
9	1	2	3	6	5	4	7	8
6	8	5	4	7	2	3	1	9
3	4	7	1	9	8	5	6	2
4	3	6	9	2	7	1	8	5
8	7	1	5	4	3	2	9	6
2	5	9	8	1	6	7	3	4

76

7	3	9	2	4	5	6	8	1
2	8	1	9	6	3	7	5	4
6	5	4	8	1	7	3	9	2
3	4	6	5	8	9	2	1	7
9	7	5	1	3	2	8	4	6
8	1	2	6	7	4	9	3	5
1	2	7	3	5	8	4	6	9
5	9	3	4	2	6	1	7	8
4	6	8	7	9	1	5	2	3

77

3	7	2	5	4	9	8	6	1
8	9	1	2	7	6	4	5	3
5	4	6	1	8	3	7	2	9
1	6	7	8	3	2	9	4	5
9	5	8	7	1	4	2	3	6
4	2	3	6	9	5	1	8	7
6	8	9	3	2	1	5	7	4
2	3	4	9	5	7	6	1	8
7	1	5	4	6	8	3	9	2

78

8	3	6	2	5	9	1	7	4
7	2	1	6	4	8	9	3	5
5	4	9	1	3	7	2	8	6
1	8	3	7	6	4	5	9	2
6	9	4	8	2	5	3	1	7
2	5	7	9	1	3	4	6	8
4	6	2	3	7	1	8	5	9
9	1	5	4	8	6	7	2	3
3	7	8	5	9	2	6	4	1

79

2	4	8	3	7	9	6	5	1
7	6	3	5	2	1	9	4	8
9	5	1	6	4	8	3	7	2
5	1	2	8	3	7	4	9	6
3	8	7	4	9	6	2	1	5
6	9	4	2	1	5	7	8	3
4	7	6	1	8	3	5	2	9
1	3	9	7	5	2	8	6	4
8	2	5	9	6	4	1	3	7

80

2	5	6	7	9	4	8	3	1
1	9	3	2	6	8	5	4	7
4	7	8	5	3	1	9	6	2
3	8	5	4	1	2	7	9	6
6	1	9	8	7	3	4	2	5
7	4	2	6	5	9	1	8	3
9	6	4	1	2	7	3	5	8
8	2	7	3	4	5	6	1	9
5	3	1	9	8	6	2	7	4

81

7	4	8	1	3	9	2	5	6
5	2	1	6	8	4	7	9	3
3	9	6	2	5	7	4	8	1
8	6	2	4	1	3	5	7	9
4	7	3	9	6	5	8	1	2
9	1	5	7	2	8	3	6	4
6	8	9	5	4	2	1	3	7
2	5	7	3	9	1	6	4	8
1	3	4	8	7	6	9	2	5

82

8	1	3	6	5	9	2	7	4
6	2	5	3	4	7	9	8	1
7	9	4	8	1	2	5	3	6
9	4	6	1	7	3	8	5	2
3	5	8	4	2	6	7	1	9
2	7	1	5	9	8	6	4	3
4	3	7	9	6	5	1	2	8
1	6	2	7	8	4	3	9	5
5	8	9	2	3	1	4	6	7

83

7	3	6	9	5	2	4	1	8
4	5	2	8	1	7	6	9	3
9	1	8	3	6	4	2	7	5
3	7	4	5	2	9	8	6	1
5	2	9	6	8	1	7	3	4
8	6	1	7	4	3	5	2	9
2	9	7	4	3	5	1	8	6
6	4	3	1	7	8	9	5	2
1	8	5	2	9	6	3	4	7

84

7	5	6	3	8	4	1	9	2
4	8	2	7	1	9	6	3	5
3	9	1	6	5	2	8	7	4
8	6	7	9	4	3	5	2	1
5	2	3	1	7	6	4	8	9
9	1	4	5	2	8	7	6	3
6	4	9	8	3	1	2	5	7
2	3	5	4	6	7	9	1	8
1	7	8	2	9	5	3	4	6

85

8	3	7	4	6	1	5	2	9
9	5	1	2	3	8	4	7	6
2	4	6	7	5	9	1	8	3
6	8	2	3	7	5	9	1	4
5	9	4	8	1	2	3	6	7
1	7	3	6	9	4	8	5	2
4	6	9	5	8	7	2	3	1
3	2	5	1	4	6	7	9	8
7	1	8	9	2	3	6	4	5

86

5	3	1	2	9	4	7	8	6
2	8	4	7	6	3	9	1	5
6	7	9	1	5	8	3	4	2
7	2	5	4	1	9	8	6	3
8	1	6	3	7	5	2	9	4
4	9	3	6	8	2	5	7	1
3	4	7	9	2	1	6	5	8
1	6	8	5	3	7	4	2	9
9	5	2	8	4	6	1	3	7

87

5	9	4	2	1	7	8	6	3
6	3	8	9	5	4	1	7	2
1	7	2	8	6	3	9	4	5
3	2	5	7	4	1	6	9	8
9	6	7	3	8	5	2	1	4
8	4	1	6	9	2	3	5	7
7	5	6	1	3	8	4	2	9
4	1	3	5	2	9	7	8	6
2	8	9	4	7	6	5	3	1

88

8	3	4	9	1	7	6	2	5
5	7	2	6	3	4	8	1	9
1	6	9	8	2	5	4	3	7
6	8	3	7	5	9	1	4	2
9	2	5	3	4	1	7	8	6
7	4	1	2	8	6	9	5	3
4	9	8	5	7	3	2	6	1
2	5	7	1	6	8	3	9	4
3	1	6	4	9	2	5	7	8

89

1	9	5	3	4	2	7	6	8
7	8	4	9	1	6	3	2	5
3	2	6	7	5	8	4	9	1
2	4	7	5	8	3	9	1	6
8	5	9	1	6	7	2	4	3
6	3	1	4	2	9	8	5	7
9	1	2	8	7	5	6	3	4
4	7	3	6	9	1	5	8	2
5	6	8	2	3	4	1	7	9

90

8	6	3	5	2	4	9	1	7
5	2	9	6	7	1	3	4	8
4	1	7	8	9	3	6	5	2
1	4	6	2	3	5	7	8	9
3	9	5	4	8	7	1	2	6
2	7	8	1	6	9	4	3	5
9	8	1	3	5	6	2	7	4
7	5	4	9	1	2	8	6	3
6	3	2	7	4	8	5	9	1

91

8	1	5	9	3	7	2	6	4
2	6	4	1	5	8	9	3	7
7	3	9	2	6	4	5	8	1
9	7	2	3	4	1	8	5	6
3	4	6	8	7	5	1	9	2
5	8	1	6	9	2	4	7	3
4	5	8	7	1	3	6	2	9
6	2	7	4	8	9	3	1	5
1	9	3	5	2	6	7	4	8

92

2	3	9	7	1	6	8	4	5
8	1	4	5	9	3	2	7	6
7	5	6	2	4	8	3	1	9
3	9	7	8	6	2	4	5	1
4	6	2	1	7	5	9	3	8
1	8	5	4	3	9	6	2	7
6	7	1	9	2	4	5	8	3
5	2	3	6	8	1	7	9	4
9	4	8	3	5	7	1	6	2

93

1	7	9	5	8	6	3	2	4
8	4	6	7	3	2	9	1	5
2	5	3	9	1	4	7	6	8
5	2	7	4	9	1	6	8	3
9	1	4	8	6	3	5	7	2
3	6	8	2	7	5	1	4	9
6	8	1	3	4	9	2	5	7
4	9	5	1	2	7	8	3	6
7	3	2	6	5	8	4	9	1

94

9	7	2	4	8	6	5	1	3
4	3	8	2	5	1	6	9	7
5	1	6	3	9	7	4	8	2
7	8	3	9	2	5	1	4	6
1	5	4	7	6	3	9	2	8
2	6	9	8	1	4	7	3	5
3	9	5	6	4	8	2	7	1
8	4	1	5	7	2	3	6	9
6	2	7	1	3	9	8	5	4

95

2	6	7	3	1	5	9	8	4
4	9	5	6	7	8	1	2	3
1	3	8	4	2	9	7	6	5
7	8	6	1	5	4	2	3	9
5	4	1	2	9	3	6	7	8
9	2	3	7	8	6	5	4	1
3	7	4	5	6	1	8	9	2
8	1	2	9	4	7	3	5	6
6	5	9	8	3	2	4	1	7

96

3	9	7	8	4	6	1	5	2
2	1	6	9	5	7	3	8	4
8	4	5	1	3	2	9	7	6
4	2	3	7	8	9	5	6	1
5	7	1	2	6	4	8	3	9
6	8	9	3	1	5	4	2	7
7	3	2	4	9	8	6	1	5
1	6	4	5	7	3	2	9	8
9	5	8	6	2	1	7	4	3

97

2	8	1	6	4	5	3	9	7
9	7	3	1	8	2	5	4	6
5	4	6	7	9	3	1	2	8
3	9	7	8	2	1	6	5	4
1	2	8	4	5	6	7	3	9
6	5	4	9	3	7	8	1	2
7	3	9	2	1	8	4	6	5
4	6	5	3	7	9	2	8	1
8	1	2	5	6	4	9	7	3

98

7	8	5	2	6	1	9	3	4
4	3	9	5	7	8	6	1	2
1	2	6	3	4	9	8	5	7
3	9	8	1	5	4	2	7	6
5	4	7	6	3	2	1	8	9
2	6	1	8	9	7	5	4	3
9	1	4	7	8	6	3	2	5
6	5	2	4	1	3	7	9	8
8	7	3	9	2	5	4	6	1

99

5	1	9	7	8	4	3	2	6
3	2	6	1	5	9	4	7	8
8	4	7	3	2	6	9	1	5
6	3	2	8	1	7	5	4	9
4	8	5	6	9	2	7	3	1
9	7	1	5	4	3	8	6	2
7	9	8	4	6	1	2	5	3
1	5	3	2	7	8	6	9	4
2	6	4	9	3	5	1	8	7

100

7	3	6	5	4	2	1	9	8
5	2	8	3	1	9	6	7	4
9	1	4	8	6	7	5	2	3
2	5	3	7	8	1	4	6	9
8	4	7	9	2	6	3	1	5
6	9	1	4	5	3	7	8	2
3	7	2	1	9	4	8	5	6
4	6	5	2	7	8	9	3	1
1	8	9	6	3	5	2	4	7

101

4	7	1	8	2	3	6	5	9
6	5	3	9	7	1	8	4	2
2	9	8	5	6	4	3	7	1
3	1	7	4	9	5	2	8	6
5	2	9	3	8	6	7	1	4
8	4	6	2	1	7	5	9	3
1	8	4	7	3	2	9	6	5
9	3	5	6	4	8	1	2	7
7	6	2	1	5	9	4	3	8

102

4	1	8	9	7	6	3	2	5
6	3	9	2	5	1	4	7	8
7	2	5	3	4	8	9	6	1
3	8	2	6	1	9	5	4	7
5	7	1	4	3	2	8	9	6
9	6	4	7	8	5	1	3	2
8	4	7	1	2	3	6	5	9
1	9	3	5	6	7	2	8	4
2	5	6	8	9	4	7	1	3

103

3	8	9	1	7	5	2	6	4
5	2	7	4	9	6	3	8	1
1	6	4	3	8	2	9	7	5
4	7	5	8	2	9	6	1	3
6	9	3	7	4	1	8	5	2
8	1	2	6	5	3	4	9	7
9	4	8	5	3	7	1	2	6
7	3	6	2	1	8	5	4	9
2	5	1	9	6	4	7	3	8

104

7	5	9	6	8	2	1	3	4
8	2	3	4	1	9	7	5	6
4	1	6	3	5	7	2	9	8
6	3	2	9	4	1	5	8	7
9	4	1	5	7	8	6	2	3
5	8	7	2	6	3	9	4	1
2	6	8	7	3	5	4	1	9
1	7	5	8	9	4	3	6	2
3	9	4	1	2	6	8	7	5

105

6	7	2	9	8	3	4	1	5
8	4	3	5	6	1	9	2	7
5	1	9	2	4	7	6	8	3
2	9	1	7	5	4	3	6	8
3	5	7	8	2	6	1	9	4
4	6	8	3	1	9	5	7	2
1	2	5	6	3	8	7	4	9
7	8	6	4	9	5	2	3	1
9	3	4	1	7	2	8	5	6

106

8	1	2	7	6	9	5	3	4
6	7	4	5	3	2	8	1	9
3	9	5	8	4	1	2	7	6
9	5	3	4	7	6	1	2	8
4	6	7	2	1	8	9	5	3
1	2	8	9	5	3	6	4	7
2	3	6	1	8	4	7	9	5
7	8	1	3	9	5	4	6	2
5	4	9	6	2	7	3	8	1

107

5	2	3	4	1	9	8	7	6
6	7	9	3	8	5	4	1	2
1	8	4	6	7	2	9	3	5
8	6	7	2	4	1	3	5	9
4	1	2	9	5	3	6	8	7
9	3	5	8	6	7	1	2	4
3	5	1	7	9	6	2	4	8
2	4	6	5	3	8	7	9	1
7	9	8	1	2	4	5	6	3

108

1	6	8	2	9	4	3	5	7
3	7	9	5	1	6	8	4	2
4	2	5	8	3	7	1	9	6
7	5	6	9	4	8	2	1	3
2	8	3	6	5	1	9	7	4
9	4	1	7	2	3	5	6	8
5	1	4	3	6	2	7	8	9
6	3	7	1	8	9	4	2	5
8	9	2	4	7	5	6	3	1

109

2	1	3	4	7	6	9	8	5
6	8	9	5	1	3	7	2	4
7	5	4	9	8	2	1	6	3
3	7	6	8	2	4	5	9	1
8	4	5	1	6	9	2	3	7
1	9	2	7	3	5	6	4	8
4	2	8	6	5	7	3	1	9
9	6	7	3	4	1	8	5	2
5	3	1	2	9	8	4	7	6

110

9	7	8	1	3	2	4	5	6
6	2	5	8	9	4	7	3	1
1	3	4	5	7	6	8	9	2
4	5	6	7	1	3	9	2	8
8	9	2	4	6	5	1	7	3
7	1	3	2	8	9	5	6	4
2	8	1	6	5	7	3	4	9
3	4	7	9	2	8	6	1	5
5	6	9	3	4	1	2	8	7

111

5	9	2	1	4	3	6	8	7
8	3	4	5	7	6	2	1	9
7	6	1	2	9	8	4	5	3
2	8	9	3	1	5	7	6	4
3	1	5	7	6	4	8	9	2
4	7	6	8	2	9	1	3	5
1	5	3	4	8	2	9	7	6
9	2	8	6	5	7	3	4	1
6	4	7	9	3	1	5	2	8

112

3	8	9	1	5	4	6	2	7
2	6	4	9	3	7	5	1	8
5	1	7	8	2	6	9	4	3
1	3	6	7	4	5	2	8	9
4	7	8	2	9	3	1	6	5
9	5	2	6	1	8	3	7	4
8	4	1	5	6	9	7	3	2
6	9	3	4	7	2	8	5	1
7	2	5	3	8	1	4	9	6

113

1	7	3	2	6	8	9	5	4
9	4	8	3	5	1	2	7	6
2	6	5	9	4	7	1	8	3
4	1	6	7	3	5	8	2	9
3	5	9	6	8	2	7	4	1
7	8	2	4	1	9	3	6	5
5	9	7	1	2	4	6	3	8
6	2	4	8	9	3	5	1	7
8	3	1	5	7	6	4	9	2

114

3	2	1	8	5	9	4	7	6
5	7	4	3	1	6	2	9	8
6	9	8	7	4	2	5	1	3
1	3	2	5	7	4	8	6	9
7	4	5	6	9	8	1	3	2
8	6	9	2	3	1	7	5	4
2	5	3	4	6	7	9	8	1
9	8	7	1	2	3	6	4	5
4	1	6	9	8	5	3	2	7

115

3	1	2	8	5	7	6	4	9
8	4	9	6	1	2	3	7	5
5	7	6	4	3	9	2	8	1
7	3	5	1	2	8	9	6	4
1	2	8	9	4	6	7	5	3
9	6	4	5	7	3	1	2	8
2	8	7	3	9	4	5	1	6
6	5	3	2	8	1	4	9	7
4	9	1	7	6	5	8	3	2

116

2	6	4	7	8	5	3	9	1
3	7	9	1	2	6	8	5	4
8	5	1	3	9	4	6	7	2
1	9	6	5	3	8	4	2	7
4	8	2	9	7	1	5	6	3
7	3	5	6	4	2	1	8	9
5	4	7	8	1	9	2	3	6
6	2	3	4	5	7	9	1	8
9	1	8	2	6	3	7	4	5

117

1	6	7	2	4	5	9	8	3
5	2	9	6	3	8	7	1	4
3	8	4	9	1	7	5	2	6
2	9	5	1	7	6	3	4	8
4	3	8	5	2	9	6	7	1
6	7	1	3	8	4	2	9	5
8	5	2	7	6	1	4	3	9
7	4	6	8	9	3	1	5	2
9	1	3	4	5	2	8	6	7

118

4	1	8	9	2	6	3	7	5
6	5	2	3	4	7	1	8	9
7	9	3	8	5	1	4	6	2
5	6	7	1	9	4	8	2	3
8	4	1	2	7	3	9	5	6
3	2	9	6	8	5	7	4	1
9	8	6	7	3	2	5	1	4
1	7	4	5	6	9	2	3	8
2	3	5	4	1	8	6	9	7

119

7	1	5	2	4	3	9	6	8
9	6	2	7	8	5	1	4	3
8	4	3	1	9	6	7	5	2
5	8	7	6	1	4	3	2	9
6	9	1	3	2	8	4	7	5
3	2	4	5	7	9	8	1	6
2	7	8	9	6	1	5	3	4
4	3	6	8	5	7	2	9	1
1	5	9	4	3	2	6	8	7

120

3	8	4	9	6	7	2	1	5
1	6	9	2	3	5	8	7	4
5	7	2	4	1	8	3	9	6
7	5	6	8	9	1	4	2	3
8	4	1	3	5	2	7	6	9
2	9	3	7	4	6	5	8	1
9	3	8	6	2	4	1	5	7
6	1	7	5	8	3	9	4	2
4	2	5	1	7	9	6	3	8

121

3	5	6	7	4	9	2	8	1
1	4	8	2	5	6	9	3	7
9	2	7	1	3	8	4	6	5
7	1	5	9	2	3	6	4	8
2	6	4	5	8	1	3	7	9
8	9	3	6	7	4	5	1	2
5	7	1	4	6	2	8	9	3
6	8	2	3	9	7	1	5	4
4	3	9	8	1	5	7	2	6

122

3	9	8	5	4	1	2	7	6
2	6	4	8	7	9	1	3	5
7	5	1	6	2	3	9	8	4
8	4	5	7	9	6	3	2	1
6	7	3	1	5	2	8	4	9
1	2	9	4	3	8	5	6	7
5	3	6	9	8	4	7	1	2
4	8	7	2	1	5	6	9	3
9	1	2	3	6	7	4	5	8

123

5	6	1	9	7	4	2	8	3
7	4	3	8	1	2	9	6	5
2	9	8	3	6	5	7	4	1
4	7	9	1	8	3	6	5	2
8	1	5	2	4	6	3	7	9
6	3	2	5	9	7	8	1	4
1	8	4	7	2	9	5	3	6
9	5	6	4	3	8	1	2	7
3	2	7	6	5	1	4	9	8

124

4	2	6	5	1	3	7	8	9
7	1	8	2	9	4	3	6	5
5	3	9	6	8	7	4	2	1
2	5	4	8	7	9	6	1	3
6	8	3	1	2	5	9	7	4
1	9	7	3	4	6	2	5	8
3	4	2	7	5	8	1	9	6
8	6	1	9	3	2	5	4	7
9	7	5	4	6	1	8	3	2

125

1	8	2	6	4	5	3	9	7
4	7	6	3	9	8	5	1	2
3	9	5	7	2	1	6	4	8
8	2	4	9	7	3	1	5	6
6	1	3	8	5	2	4	7	9
7	5	9	4	1	6	2	8	3
9	3	1	2	8	4	7	6	5
2	4	8	5	6	7	9	3	1
5	6	7	1	3	9	8	2	4

126

8	5	9	1	3	7	2	6	4
4	2	7	5	6	8	9	3	1
1	3	6	2	9	4	5	8	7
2	7	3	9	4	1	8	5	6
6	8	1	3	7	5	4	2	9
9	4	5	6	8	2	1	7	3
7	6	8	4	2	9	3	1	5
3	1	4	8	5	6	7	9	2
5	9	2	7	1	3	6	4	8

127

2	3	9	4	7	8	5	1	6
5	7	4	2	6	1	9	8	3
8	1	6	3	9	5	2	7	4
4	8	5	6	1	2	7	3	9
6	2	1	7	3	9	4	5	8
3	9	7	5	8	4	1	6	2
7	4	8	9	5	3	6	2	1
9	6	3	1	2	7	8	4	5
1	5	2	8	4	6	3	9	7

128

4	1	8	5	3	6	9	2	7
2	3	6	7	8	9	5	1	4
7	9	5	2	1	4	6	8	3
6	2	3	1	4	8	7	9	5
1	8	4	9	7	5	2	3	6
5	7	9	3	6	2	1	4	8
8	6	2	4	5	1	3	7	9
3	5	1	8	9	7	4	6	2
9	4	7	6	2	3	8	5	1

129

3	7	6	9	4	8	2	1	5
2	8	5	1	7	3	4	9	6
9	4	1	6	5	2	3	8	7
5	1	4	2	3	7	9	6	8
6	9	7	4	8	1	5	2	3
8	3	2	5	6	9	1	7	4
4	2	8	7	9	5	6	3	1
7	5	9	3	1	6	8	4	2
1	6	3	8	2	4	7	5	9

130

1	2	4	9	3	8	5	6	7
9	7	5	4	1	6	3	2	8
6	8	3	5	7	2	9	1	4
5	6	8	7	2	1	4	3	9
7	9	1	3	4	5	6	8	2
4	3	2	6	8	9	7	5	1
2	4	7	1	5	3	8	9	6
8	5	9	2	6	4	1	7	3
3	1	6	8	9	7	2	4	5

131

8	3	1	5	2	9	6	7	4
4	2	7	3	1	6	9	8	5
6	5	9	8	7	4	1	2	3
1	6	8	7	4	3	5	9	2
2	9	5	6	8	1	3	4	7
7	4	3	9	5	2	8	6	1
5	7	4	1	6	8	2	3	9
9	8	2	4	3	5	7	1	6
3	1	6	2	9	7	4	5	8

132

7	4	5	6	8	9	1	2	3
2	6	9	5	3	1	8	4	7
8	3	1	2	7	4	5	6	9
9	5	6	7	4	8	3	1	2
3	1	2	9	6	5	4	7	8
4	8	7	3	1	2	9	5	6
6	9	3	4	5	7	2	8	1
5	7	8	1	2	3	6	9	4
1	2	4	8	9	6	7	3	5

133

1	5	7	2	6	9	8	4	3
4	2	9	7	8	3	5	1	6
8	3	6	5	1	4	9	2	7
2	9	8	6	3	5	1	7	4
5	6	3	1	4	7	2	9	8
7	1	4	8	9	2	6	3	5
9	8	1	4	7	6	3	5	2
3	7	2	9	5	8	4	6	1
6	4	5	3	2	1	7	8	9

134

3	9	4	8	5	7	2	6	1
2	6	7	9	3	1	8	5	4
8	5	1	4	2	6	9	7	3
1	7	8	2	6	4	3	9	5
6	4	2	5	9	3	7	1	8
5	3	9	1	7	8	4	2	6
9	2	3	6	4	5	1	8	7
7	8	5	3	1	9	6	4	2
4	1	6	7	8	2	5	3	9

135

6	5	2	7	8	3	1	4	9
3	7	4	9	5	1	6	8	2
8	9	1	6	2	4	5	3	7
4	8	9	3	6	7	2	5	1
5	6	7	1	4	2	8	9	3
1	2	3	5	9	8	4	7	6
2	3	5	4	1	9	7	6	8
9	4	8	2	7	6	3	1	5
7	1	6	8	3	5	9	2	4

136

2	6	4	9	1	3	8	7	5
3	8	9	4	5	7	2	6	1
7	1	5	6	8	2	9	3	4
4	2	8	5	7	1	6	9	3
1	3	7	8	9	6	5	4	2
9	5	6	2	3	4	1	8	7
5	9	2	3	4	8	7	1	6
8	4	1	7	6	5	3	2	9
6	7	3	1	2	9	4	5	8

137

9	7	3	8	6	2	1	5	4
1	5	8	3	7	4	2	6	9
2	6	4	5	9	1	3	8	7
8	4	6	2	3	7	9	1	5
5	1	9	6	4	8	7	2	3
3	2	7	9	1	5	6	4	8
6	8	2	7	5	9	4	3	1
7	3	1	4	8	6	5	9	2
4	9	5	1	2	3	8	7	6

138

5	3	2	8	4	9	6	7	1
9	8	4	7	6	1	3	2	5
7	1	6	3	5	2	4	8	9
2	5	3	1	9	6	8	4	7
6	4	7	5	8	3	9	1	2
1	9	8	2	7	4	5	6	3
8	6	1	9	3	7	2	5	4
3	7	5	4	2	8	1	9	6
4	2	9	6	1	5	7	3	8

139

5	4	1	7	9	8	3	6	2
9	2	6	4	5	3	1	8	7
7	3	8	2	1	6	4	9	5
4	6	2	1	7	5	9	3	8
1	9	3	6	8	2	5	7	4
8	7	5	9	3	4	2	1	6
3	5	7	8	4	9	6	2	1
6	1	4	3	2	7	8	5	9
2	8	9	5	6	1	7	4	3

140

3	4	5	8	1	9	7	2	6
7	2	6	3	4	5	8	1	9
8	1	9	7	2	6	3	4	5
5	8	1	9	7	2	6	3	4
9	7	2	6	3	4	5	8	1
6	3	4	5	8	1	9	7	2
2	6	3	4	5	8	1	9	7
1	9	7	2	6	3	4	5	8
4	5	8	1	9	7	2	6	3

141

6	9	7	5	3	1	2	4	8
4	1	3	2	8	7	5	6	9
5	2	8	4	6	9	7	3	1
9	7	1	6	4	2	3	8	5
3	4	2	8	7	5	9	1	6
8	6	5	9	1	3	4	7	2
7	8	9	3	2	6	1	5	4
1	5	4	7	9	8	6	2	3
2	3	6	1	5	4	8	9	7

142

1	4	5	6	8	7	9	3	2
2	8	6	9	1	3	5	7	4
9	3	7	4	5	2	8	6	1
4	2	9	8	6	5	3	1	7
7	5	3	2	4	1	6	8	9
6	1	8	3	7	9	2	4	5
5	9	4	7	3	6	1	2	8
3	7	1	5	2	8	4	9	6
8	6	2	1	9	4	7	5	3

143

6	1	9	4	3	2	7	5	8
4	7	2	8	5	9	6	3	1
5	3	8	1	6	7	4	2	9
2	6	1	9	4	8	3	7	5
9	4	5	7	2	3	8	1	6
7	8	3	6	1	5	2	9	4
1	9	7	3	8	4	5	6	2
3	2	4	5	9	6	1	8	7
8	5	6	2	7	1	9	4	3

144

6	5	2	9	3	1	7	8	4
9	8	1	7	2	4	5	3	6
3	7	4	5	8	6	9	2	1
7	6	3	4	9	2	8	1	5
5	4	9	1	7	8	3	6	2
2	1	8	6	5	3	4	9	7
8	2	6	3	4	7	1	5	9
1	9	7	8	6	5	2	4	3
4	3	5	2	1	9	6	7	8

145

9	6	4	1	7	8	5	2	3
2	8	7	3	5	9	1	6	4
1	3	5	4	6	2	9	8	7
4	2	9	7	8	1	6	3	5
7	1	8	6	3	5	4	9	2
3	5	6	9	2	4	8	7	1
8	9	1	2	4	7	3	5	6
6	4	2	5	9	3	7	1	8
5	7	3	8	1	6	2	4	9

146

6	9	4	3	2	8	5	7	1
2	5	7	6	4	1	9	8	3
1	8	3	5	7	9	4	6	2
9	2	8	7	5	4	3	1	6
3	7	5	1	6	2	8	4	9
4	6	1	8	9	3	7	2	5
8	4	9	2	3	6	1	5	7
7	1	2	9	8	5	6	3	4
5	3	6	4	1	7	2	9	8

147

8	7	2	3	5	4	6	9	1
3	9	6	2	1	7	5	8	4
5	1	4	9	8	6	3	2	7
9	6	5	8	4	2	7	1	3
4	2	8	1	7	3	9	6	5
7	3	1	5	6	9	8	4	2
6	5	7	4	9	1	2	3	8
2	4	9	7	3	8	1	5	6
1	8	3	6	2	5	4	7	9

148

9	7	8	1	3	5	2	4	6
3	6	1	7	2	4	8	5	9
5	2	4	6	9	8	3	1	7
2	1	7	4	6	9	5	3	8
4	9	5	8	7	3	6	2	1
8	3	6	5	1	2	7	9	4
6	4	9	2	5	7	1	8	3
1	5	3	9	8	6	4	7	2
7	8	2	3	4	1	9	6	5

149

8	5	7	4	1	3	6	9	2
6	1	2	9	8	5	3	7	4
9	4	3	6	2	7	8	5	1
5	7	9	8	6	1	2	4	3
4	3	6	5	7	2	9	1	8
1	2	8	3	9	4	5	6	7
3	8	4	7	5	9	1	2	6
2	6	5	1	4	8	7	3	9
7	9	1	2	3	6	4	8	5

150

4	5	9	2	7	3	1	8	6
8	7	2	4	1	6	9	5	3
6	1	3	8	9	5	2	4	7
1	2	8	5	6	4	7	3	9
7	3	4	9	8	2	6	1	5
5	9	6	7	3	1	8	2	4
3	4	7	6	2	8	5	9	1
9	8	1	3	5	7	4	6	2
2	6	5	1	4	9	3	7	8

151

8	3	4	7	6	2	5	9	1
7	2	6	9	5	1	3	4	8
1	5	9	8	4	3	6	7	2
9	1	5	4	3	8	2	6	7
4	8	3	6	2	7	1	5	9
6	7	2	5	1	9	8	3	4
2	6	7	1	9	5	4	8	3
5	9	1	3	8	4	7	2	6
3	4	8	2	7	6	9	1	5

152

2	5	4	1	6	7	3	8	9
9	1	8	5	3	4	6	7	2
3	7	6	2	8	9	1	5	4
8	9	1	6	7	3	4	2	5
7	6	3	4	5	2	8	9	1
4	2	5	8	9	1	7	3	6
5	4	7	9	1	8	2	6	3
6	8	2	3	4	5	9	1	7
1	3	9	7	2	6	5	4	8

153

7	5	6	2	1	9	3	4	8
4	1	9	5	3	8	6	2	7
2	3	8	4	6	7	1	9	5
3	2	5	6	9	1	7	8	4
6	9	4	8	7	2	5	1	3
1	8	7	3	5	4	9	6	2
5	7	2	1	8	6	4	3	9
9	4	1	7	2	3	8	5	6
8	6	3	9	4	5	2	7	1

154

8	1	4	3	7	9	6	5	2
6	9	5	4	1	2	7	8	3
2	7	3	6	8	5	9	4	1
4	2	9	7	3	6	8	1	5
1	3	6	5	4	8	2	7	9
7	5	8	2	9	1	3	6	4
9	8	7	1	2	4	5	3	6
5	4	2	8	6	3	1	9	7
3	6	1	9	5	7	4	2	8

155

5	6	4	9	1	8	2	3	7
3	7	1	4	5	2	6	9	8
2	9	8	6	7	3	4	5	1
1	5	7	8	2	9	3	4	6
8	3	9	7	6	4	1	2	5
4	2	6	1	3	5	8	7	9
9	8	5	2	4	6	7	1	3
7	4	3	5	8	1	9	6	2
6	1	2	3	9	7	5	8	4

156

4	2	5	1	3	6	9	7	8
1	9	6	8	7	5	2	3	4
8	3	7	2	4	9	1	6	5
5	8	3	7	6	1	4	2	9
6	1	4	3	9	2	5	8	7
9	7	2	4	5	8	6	1	3
3	6	8	9	2	4	7	5	1
2	4	1	5	8	7	3	9	6
7	5	9	6	1	3	8	4	2

157

3	2	1	6	5	9	8	7	4
9	4	5	7	8	1	3	2	6
8	7	6	4	2	3	5	9	1
5	9	2	1	7	8	6	4	3
4	6	3	5	9	2	7	1	8
1	8	7	3	4	6	2	5	9
2	5	9	8	3	4	1	6	7
6	3	4	2	1	7	9	8	5
7	1	8	9	6	5	4	3	2

158

7	8	2	4	5	9	6	3	1
5	6	9	2	3	1	4	7	8
3	4	1	6	7	8	9	2	5
9	1	4	5	8	7	3	6	2
2	7	3	1	9	6	5	8	4
8	5	6	3	2	4	7	1	9
6	9	7	8	4	2	1	5	3
1	2	5	9	6	3	8	4	7
4	3	8	7	1	5	2	9	6

159

8	3	9	4	6	2	5	7	1
4	7	2	5	3	1	6	9	8
5	6	1	8	7	9	4	2	3
9	5	7	6	1	4	3	8	2
6	8	3	7	2	5	1	4	9
2	1	4	3	9	8	7	5	6
1	9	5	2	4	3	8	6	7
7	2	8	1	5	6	9	3	4
3	4	6	9	8	7	2	1	5

160

3	4	6	2	8	9	1	5	7
7	1	2	6	5	4	9	8	3
5	8	9	3	1	7	6	2	4
1	2	7	8	9	5	3	4	6
9	5	8	4	6	3	7	1	2
4	6	3	1	7	2	5	9	8
6	9	4	7	2	1	8	3	5
8	3	1	5	4	6	2	7	9
2	7	5	9	3	8	4	6	1

161

1	2	9	6	7	5	3	8	4
6	4	7	9	8	3	1	2	5
8	5	3	2	1	4	7	9	6
3	1	5	4	2	6	8	7	9
9	8	4	3	5	7	2	6	1
7	6	2	1	9	8	5	4	3
5	7	1	8	6	9	4	3	2
2	3	6	7	4	1	9	5	8
4	9	8	5	3	2	6	1	7

162

8	7	5	6	9	4	1	2	3
1	6	9	2	7	3	8	4	5
2	4	3	5	8	1	6	9	7
7	1	4	8	5	2	9	3	6
3	9	2	1	6	7	5	8	4
6	5	8	4	3	9	7	1	2
5	2	1	9	4	6	3	7	8
9	8	7	3	2	5	4	6	1
4	3	6	7	1	8	2	5	9

163

5	9	3	8	1	6	4	7	2
4	2	1	5	3	7	8	9	6
7	6	8	4	9	2	3	5	1
8	3	6	1	7	5	2	4	9
1	7	9	2	6	4	5	3	8
2	4	5	9	8	3	6	1	7
3	8	7	6	5	1	9	2	4
9	5	2	7	4	8	1	6	3
6	1	4	3	2	9	7	8	5

164

8	9	6	4	5	3	2	7	1
7	5	1	8	2	6	3	4	9
4	2	3	7	9	1	8	5	6
5	6	4	1	8	9	7	3	2
2	3	9	6	7	5	4	1	8
1	8	7	3	4	2	9	6	5
9	1	2	5	3	4	6	8	7
3	7	5	9	6	8	1	2	4
6	4	8	2	1	7	5	9	3

165

1	3	2	4	5	6	7	8	9
6	7	8	1	9	3	5	2	4
5	9	4	7	8	2	3	1	6
3	4	5	8	7	1	6	9	2
8	6	7	2	4	9	1	3	5
2	1	9	6	3	5	8	4	7
9	8	3	5	6	4	2	7	1
4	2	6	3	1	7	9	5	8
7	5	1	9	2	8	4	6	3

166

3	1	5	2	9	8	4	7	6
4	8	9	6	1	7	3	2	5
6	2	7	4	5	3	9	1	8
8	9	2	7	4	6	5	3	1
5	7	3	1	8	2	6	4	9
1	4	6	9	3	5	7	8	2
9	6	4	8	7	1	2	5	3
7	3	8	5	2	9	1	6	4
2	5	1	3	6	4	8	9	7

167

3	2	6	1	7	4	8	5	9
9	8	4	5	6	2	1	3	7
5	7	1	8	9	3	4	6	2
4	5	9	7	2	1	6	8	3
2	1	8	3	4	6	7	9	5
6	3	7	9	5	8	2	1	4
7	6	3	4	1	5	9	2	8
8	9	2	6	3	7	5	4	1
1	4	5	2	8	9	3	7	6

168

5	7	1	8	6	4	9	2	3
6	2	9	5	3	7	1	8	4
8	3	4	2	9	1	6	5	7
3	9	7	1	5	2	8	4	6
2	1	8	7	4	6	5	3	9
4	5	6	9	8	3	2	7	1
9	4	3	6	2	8	7	1	5
7	8	5	3	1	9	4	6	2
1	6	2	4	7	5	3	9	8

169

5	3	9	4	2	6	7	8	1
7	6	1	3	8	5	9	4	2
4	2	8	1	7	9	3	5	6
2	1	4	9	5	7	6	3	8
3	5	7	6	1	8	2	9	4
9	8	6	2	4	3	5	1	7
1	9	5	8	6	2	4	7	3
8	7	2	5	3	4	1	6	9
6	4	3	7	9	1	8	2	5

170

5	4	2	9	6	7	1	3	8
9	1	7	8	3	2	5	6	4
3	6	8	4	5	1	9	7	2
7	5	4	2	9	8	6	1	3
2	9	3	1	7	6	8	4	5
1	8	6	5	4	3	7	2	9
4	2	1	6	8	9	3	5	7
6	7	9	3	2	5	4	8	1
8	3	5	7	1	4	2	9	6

171

2	6	5	1	3	9	4	7	8
1	3	8	2	7	4	9	6	5
9	4	7	6	8	5	3	2	1
5	7	6	8	4	3	1	9	2
8	9	3	7	2	1	5	4	6
4	1	2	5	9	6	8	3	7
3	5	1	4	6	7	2	8	9
7	8	4	9	1	2	6	5	3
6	2	9	3	5	8	7	1	4

172

8	9	3	5	4	1	6	2	7
6	4	5	7	2	9	1	3	8
2	1	7	8	6	3	5	4	9
3	7	6	4	1	5	8	9	2
9	2	8	6	3	7	4	5	1
4	5	1	2	9	8	7	6	3
7	8	4	9	5	2	3	1	6
5	3	9	1	7	6	2	8	4
1	6	2	3	8	4	9	7	5

173

1	4	3	5	9	6	7	8	2
6	9	2	8	4	7	3	1	5
8	5	7	1	3	2	9	4	6
4	7	8	9	6	1	5	2	3
9	6	1	2	5	3	8	7	4
3	2	5	7	8	4	1	6	9
2	3	9	6	1	8	4	5	7
5	8	6	4	7	9	2	3	1
7	1	4	3	2	5	6	9	8

174

7	5	6	3	2	8	1	9	4
2	3	4	9	1	7	8	6	5
8	1	9	4	5	6	7	3	2
3	4	5	2	8	9	6	7	1
6	8	1	5	7	3	2	4	9
9	7	2	1	6	4	5	8	3
4	2	8	6	9	5	3	1	7
1	9	7	8	3	2	4	5	6
5	6	3	7	4	1	9	2	8

175

8	7	6	1	5	3	9	4	2
1	4	2	6	8	9	5	7	3
9	5	3	4	2	7	1	6	8
7	8	1	2	3	4	6	5	9
3	6	4	9	7	5	8	2	1
5	2	9	8	1	6	4	3	7
4	1	7	3	6	8	2	9	5
2	9	5	7	4	1	3	8	6
6	3	8	5	9	2	7	1	4

176

6	5	8	9	4	7	2	3	1
7	4	1	3	6	2	5	8	9
3	9	2	5	8	1	4	6	7
8	6	4	2	9	3	7	1	5
2	3	5	7	1	8	9	4	6
1	7	9	4	5	6	8	2	3
4	2	3	1	7	9	6	5	8
9	1	6	8	2	5	3	7	4
5	8	7	6	3	4	1	9	2

177

9	1	2	8	7	3	4	5	6
5	8	6	4	2	1	9	3	7
4	3	7	6	5	9	2	8	1
1	5	4	3	6	7	8	2	9
2	7	9	5	8	4	6	1	3
3	6	8	1	9	2	5	7	4
8	9	3	7	4	5	1	6	2
6	2	1	9	3	8	7	4	5
7	4	5	2	1	6	3	9	8

178

7	9	2	3	4	6	1	5	8
5	6	3	1	2	8	7	4	9
1	4	8	7	5	9	3	2	6
2	3	9	5	8	7	6	1	4
8	7	6	4	9	1	5	3	2
4	1	5	2	6	3	9	8	7
9	8	1	6	3	4	2	7	5
6	2	7	8	1	5	4	9	3
3	5	4	9	7	2	8	6	1

179

4	3	2	1	7	5	6	9	8
6	1	7	8	9	4	5	3	2
8	5	9	2	6	3	7	1	4
2	4	3	5	8	9	1	6	7
1	7	6	4	3	2	9	8	5
9	8	5	6	1	7	2	4	3
7	9	4	3	2	6	8	5	1
3	2	1	9	5	8	4	7	6
5	6	8	7	4	1	3	2	9

180

3	5	6	1	7	8	9	4	2
1	8	4	3	9	2	7	5	6
9	7	2	5	6	4	8	3	1
6	9	7	8	4	1	3	2	5
2	1	8	9	3	5	6	7	4
4	3	5	7	2	6	1	8	9
5	2	9	6	8	7	4	1	3
8	6	1	4	5	3	2	9	7
7	4	3	2	1	9	5	6	8

181

9	4	3	2	8	6	5	1	7
1	8	5	4	7	3	2	6	9
6	2	7	5	9	1	4	3	8
4	9	8	7	1	5	6	2	3
2	3	1	9	6	4	8	7	5
5	7	6	8	3	2	1	9	4
8	5	9	6	2	7	3	4	1
7	1	2	3	4	8	9	5	6
3	6	4	1	5	9	7	8	2

182

7	3	8	2	6	4	5	9	1
4	5	6	7	1	9	8	2	3
2	9	1	8	3	5	6	7	4
8	7	2	3	5	1	9	4	6
1	4	9	6	2	8	7	3	5
5	6	3	4	9	7	2	1	8
3	2	5	1	7	6	4	8	9
9	8	7	5	4	3	1	6	2
6	1	4	9	8	2	3	5	7

183

7	9	5	6	1	8	3	2	4
6	4	3	5	9	2	7	8	1
8	2	1	4	3	7	6	9	5
1	7	8	2	6	9	4	5	3
9	5	2	3	7	4	8	1	6
3	6	4	8	5	1	9	7	2
4	8	9	1	2	6	5	3	7
5	1	6	7	8	3	2	4	9
2	3	7	9	4	5	1	6	8

184

6	8	5	9	3	4	7	1	2
1	7	4	8	5	2	6	9	3
9	3	2	6	7	1	5	8	4
5	4	9	3	1	6	8	2	7
3	2	1	7	4	8	9	6	5
7	6	8	5	2	9	3	4	1
2	5	6	1	9	7	4	3	8
8	1	7	4	6	3	2	5	9
4	9	3	2	8	5	1	7	6

185

4	2	5	1	3	7	6	8	9
6	1	9	4	8	2	3	7	5
8	3	7	5	9	6	4	1	2
2	5	8	3	4	1	9	6	7
1	9	6	8	7	5	2	3	4
7	4	3	2	6	9	1	5	8
9	8	4	7	1	3	5	2	6
5	7	1	6	2	4	8	9	3
3	6	2	9	5	8	7	4	1

186

5	9	2	3	4	6	7	1	8
8	4	6	1	7	9	3	2	5
7	3	1	8	2	5	9	4	6
2	7	3	6	9	4	5	8	1
6	1	5	7	8	3	4	9	2
4	8	9	5	1	2	6	3	7
9	5	8	4	6	1	2	7	3
1	6	4	2	3	7	8	5	9
3	2	7	9	5	8	1	6	4

187

7	5	2	3	9	1	6	8	4
1	3	6	4	5	8	2	9	7
9	4	8	7	2	6	5	1	3
3	8	5	2	4	9	7	6	1
6	7	4	1	8	5	3	2	9
2	9	1	6	3	7	4	5	8
8	2	9	5	7	4	1	3	6
5	6	7	8	1	3	9	4	2
4	1	3	9	6	2	8	7	5

188

2	8	3	1	9	4	7	6	5
9	1	5	6	2	7	3	4	8
4	7	6	8	5	3	9	2	1
3	9	7	5	4	6	8	1	2
1	2	4	3	8	9	6	5	7
6	5	8	2	7	1	4	9	3
7	3	9	4	1	2	5	8	6
5	6	2	9	3	8	1	7	4
8	4	1	7	6	5	2	3	9

189

2	1	8	4	5	6	9	7	3
4	9	5	7	2	3	8	6	1
6	3	7	8	9	1	5	4	2
7	2	3	9	6	4	1	8	5
5	8	4	3	1	7	2	9	6
9	6	1	2	8	5	4	3	7
8	4	6	5	3	2	7	1	9
3	7	2	1	4	9	6	5	8
1	5	9	6	7	8	3	2	4

190

5	7	2	8	6	9	4	1	3
8	6	1	4	5	3	9	7	2
9	4	3	7	2	1	8	6	5
2	9	8	6	1	7	3	5	4
4	3	6	5	9	8	1	2	7
7	1	5	2	3	4	6	9	8
6	8	4	1	7	2	5	3	9
1	2	9	3	4	5	7	8	6
3	5	7	9	8	6	2	4	1

191

3	1	5	2	9	4	7	8	6
4	2	8	7	6	3	1	5	9
6	9	7	1	8	5	2	4	3
5	8	6	3	1	7	4	9	2
2	7	3	5	4	9	8	6	1
9	4	1	6	2	8	5	3	7
1	5	2	8	3	6	9	7	4
8	6	4	9	7	2	3	1	5
7	3	9	4	5	1	6	2	8

192

5	6	3	2	1	8	4	9	7
8	7	9	5	3	4	6	2	1
4	2	1	6	9	7	3	8	5
7	3	2	4	8	1	5	6	9
6	4	8	9	5	3	1	7	2
9	1	5	7	2	6	8	4	3
2	8	6	1	7	5	9	3	4
3	5	7	8	4	9	2	1	6
1	9	4	3	6	2	7	5	8

193

2	3	5	7	8	9	4	1	6
4	9	1	5	2	6	3	8	7
7	8	6	3	1	4	5	2	9
8	6	9	4	5	3	2	7	1
5	2	4	1	7	8	9	6	3
1	7	3	9	6	2	8	5	4
9	1	8	2	4	7	6	3	5
6	4	7	8	3	5	1	9	2
3	5	2	6	9	1	7	4	8

194

9	4	1	7	8	6	5	3	2
7	8	3	2	5	9	4	6	1
2	5	6	3	1	4	7	8	9
1	6	7	5	4	2	3	9	8
5	3	8	6	9	1	2	4	7
4	9	2	8	3	7	6	1	5
3	2	9	1	6	5	8	7	4
6	1	5	4	7	8	9	2	3
8	7	4	9	2	3	1	5	6

195

3	4	9	8	5	7	1	6	2
1	5	7	3	2	6	4	9	8
8	2	6	9	1	4	3	7	5
2	1	4	7	9	5	6	8	3
5	9	8	6	3	2	7	4	1
6	7	3	1	4	8	2	5	9
9	8	1	4	7	3	5	2	6
7	6	5	2	8	1	9	3	4
4	3	2	5	6	9	8	1	7

196

9	5	2	8	1	4	7	6	3
8	7	6	9	3	5	4	2	1
1	3	4	6	2	7	5	9	8
6	2	1	4	7	8	9	3	5
5	4	8	3	9	6	2	1	7
3	9	7	2	5	1	6	8	4
7	6	5	1	8	2	3	4	9
4	8	3	7	6	9	1	5	2
2	1	9	5	4	3	8	7	6

197

8	9	3	7	2	6	5	4	1
2	1	4	5	3	8	6	7	9
7	6	5	9	1	4	2	8	3
3	2	7	6	4	1	8	9	5
1	5	9	2	8	7	3	6	4
6	4	8	3	9	5	1	2	7
5	8	2	1	7	9	4	3	6
9	3	1	4	6	2	7	5	8
4	7	6	8	5	3	9	1	2

198

5	1	2	6	9	3	4	7	8
3	9	4	7	8	1	2	5	6
8	6	7	2	5	4	9	3	1
4	2	3	8	6	7	5	1	9
6	8	5	1	4	9	7	2	3
1	7	9	5	3	2	8	6	4
9	5	1	3	7	8	6	4	2
7	3	8	4	2	6	1	9	5
2	4	6	9	1	5	3	8	7

199

2	7	6	8	4	5	9	1	3
9	5	4	1	7	3	2	6	8
1	8	3	9	6	2	5	7	4
7	2	8	6	5	4	3	9	1
6	3	9	7	1	8	4	5	2
5	4	1	2	3	9	6	8	7
3	1	7	4	9	6	8	2	5
4	6	2	5	8	1	7	3	9
8	9	5	3	2	7	1	4	6

200

2	9	3	1	8	4	5	6	7
1	8	4	5	6	7	9	3	2
6	7	5	3	2	9	4	1	8
4	1	8	7	5	6	2	9	3
5	6	7	9	3	2	8	4	1
3	2	9	4	1	8	7	5	6
7	5	6	2	9	3	1	8	4
9	3	2	8	4	1	6	7	5
8	4	1	6	7	5	3	2	9

201

1	9	4	7	8	2	3	6	5
2	6	8	9	5	3	1	4	7
7	3	5	1	4	6	8	9	2
8	7	1	6	3	9	5	2	4
6	4	9	8	2	5	7	3	1
5	2	3	4	1	7	9	8	6
4	8	6	5	9	1	2	7	3
9	1	2	3	7	4	6	5	8
3	5	7	2	6	8	4	1	9

202

9	4	8	7	2	3	5	1	6
2	7	1	6	5	9	3	8	4
6	5	3	8	4	1	7	2	9
3	8	5	4	9	2	6	7	1
7	2	9	5	1	6	4	3	8
1	6	4	3	7	8	9	5	2
5	9	2	1	6	7	8	4	3
8	1	7	9	3	4	2	6	5
4	3	6	2	8	5	1	9	7

203

6	5	1	2	3	8	4	9	7
7	9	2	1	4	5	8	6	3
4	3	8	6	7	9	5	2	1
3	8	6	5	2	7	9	1	4
2	1	7	4	9	3	6	8	5
5	4	9	8	6	1	7	3	2
1	7	3	9	8	4	2	5	6
9	2	4	3	5	6	1	7	8
8	6	5	7	1	2	3	4	9

204

1	6	9	7	8	2	4	3	5
3	5	2	4	1	9	8	7	6
8	4	7	3	5	6	2	1	9
7	3	1	8	2	5	6	9	4
6	9	5	1	4	3	7	8	2
4	2	8	9	6	7	3	5	1
5	7	6	2	9	8	1	4	3
2	1	3	5	7	4	9	6	8
9	8	4	6	3	1	5	2	7

205

3	8	4	2	5	9	1	6	7
9	5	1	7	4	6	8	2	3
7	6	2	1	8	3	4	9	5
4	2	3	5	6	8	7	1	9
5	9	7	3	1	4	2	8	6
8	1	6	9	2	7	5	3	4
6	4	5	8	3	1	9	7	2
1	3	9	4	7	2	6	5	8
2	7	8	6	9	5	3	4	1

206

9	3	5	7	1	8	2	6	4
7	6	8	4	5	2	1	9	3
1	2	4	9	3	6	8	5	7
2	5	9	1	4	3	6	7	8
4	8	6	5	2	7	9	3	1
3	1	7	8	6	9	5	4	2
8	4	2	6	7	5	3	1	9
5	7	3	2	9	1	4	8	6
6	9	1	3	8	4	7	2	5

207

9	2	6	4	8	1	7	5	3
8	1	4	7	5	3	2	6	9
7	5	3	6	9	2	4	1	8
4	6	8	2	1	9	5	3	7
1	3	2	5	4	7	8	9	6
5	7	9	3	6	8	1	2	4
2	9	1	8	3	4	6	7	5
3	8	5	1	7	6	9	4	2
6	4	7	9	2	5	3	8	1

208

9	3	4	8	1	7	5	2	6
2	8	7	6	9	5	3	1	4
6	5	1	3	4	2	7	8	9
1	4	6	5	7	8	2	9	3
5	2	3	9	6	1	8	4	7
8	7	9	2	3	4	6	5	1
3	1	8	7	5	9	4	6	2
7	9	5	4	2	6	1	3	8
4	6	2	1	8	3	9	7	5

209

4	2	7	8	9	5	6	3	1
5	9	1	6	3	4	8	2	7
8	6	3	7	1	2	9	4	5
7	3	2	9	6	1	5	8	4
1	8	9	5	4	3	7	6	2
6	5	4	2	8	7	1	9	3
9	7	5	3	2	6	4	1	8
3	1	6	4	5	8	2	7	9
2	4	8	1	7	9	3	5	6

210

3	8	2	4	5	9	6	1	7
4	1	9	6	7	3	2	8	5
5	7	6	2	8	1	3	4	9
9	6	3	8	2	5	1	7	4
8	5	4	1	6	7	9	3	2
7	2	1	3	9	4	5	6	8
6	4	5	9	1	8	7	2	3
2	9	8	7	3	6	4	5	1
1	3	7	5	4	2	8	9	6

211

4	7	9	5	6	8	3	1	2
2	3	8	7	9	1	6	4	5
5	6	1	4	2	3	8	9	7
6	9	5	1	3	4	2	7	8
1	8	3	2	7	5	4	6	9
7	4	2	6	8	9	1	5	3
8	5	7	3	4	6	9	2	1
9	2	6	8	1	7	5	3	4
3	1	4	9	5	2	7	8	6

212

3	6	2	5	1	8	7	4	9
1	4	7	3	9	2	6	8	5
8	9	5	7	4	6	2	3	1
6	1	9	8	3	7	4	5	2
2	8	4	6	5	1	3	9	7
7	5	3	9	2	4	1	6	8
5	3	6	2	7	9	8	1	4
9	7	1	4	8	3	5	2	6
4	2	8	1	6	5	9	7	3

213

1	8	5	2	6	7	9	4	3
4	3	9	8	1	5	7	2	6
6	2	7	4	9	3	8	5	1
2	6	8	5	7	1	3	9	4
7	5	3	9	2	4	1	6	8
9	1	4	3	8	6	5	7	2
3	9	6	7	4	8	2	1	5
5	7	1	6	3	2	4	8	9
8	4	2	1	5	9	6	3	7

214

4	8	6	9	3	5	7	1	2
3	2	9	8	1	7	4	5	6
7	1	5	2	6	4	9	8	3
2	6	3	7	8	9	1	4	5
5	7	1	6	4	2	8	3	9
9	4	8	3	5	1	6	2	7
1	9	7	4	2	3	5	6	8
8	5	2	1	9	6	3	7	4
6	3	4	5	7	8	2	9	1

215

8	1	6	4	3	9	2	5	7
9	3	7	2	5	8	6	4	1
2	5	4	7	6	1	3	9	8
5	4	2	3	7	6	8	1	9
6	7	9	1	8	4	5	3	2
3	8	1	9	2	5	7	6	4
7	9	8	5	1	3	4	2	6
4	6	3	8	9	2	1	7	5
1	2	5	6	4	7	9	8	3

216

8	6	2	4	7	3	9	5	1
5	9	3	2	1	8	6	4	7
4	1	7	5	6	9	2	8	3
2	5	4	1	9	6	7	3	8
6	7	8	3	2	4	5	1	9
9	3	1	8	5	7	4	6	2
7	4	9	6	3	1	8	2	5
3	8	5	9	4	2	1	7	6
1	2	6	7	8	5	3	9	4

217

2	3	8	4	5	7	9	1	6
5	7	1	2	9	6	3	4	8
9	4	6	8	1	3	2	7	5
7	1	4	9	6	2	5	8	3
3	8	2	1	4	5	6	9	7
6	9	5	7	3	8	4	2	1
1	6	7	5	2	9	8	3	4
4	5	9	3	8	1	7	6	2
8	2	3	6	7	4	1	5	9

218

4	9	6	2	8	7	3	5	1
1	2	3	5	6	4	7	9	8
7	5	8	1	9	3	2	6	4
6	3	5	7	2	1	4	8	9
8	1	7	4	5	9	6	2	3
9	4	2	8	3	6	5	1	7
5	7	4	9	1	2	8	3	6
3	8	9	6	4	5	1	7	2
2	6	1	3	7	8	9	4	5

219

4	2	7	3	1	9	5	8	6
3	1	8	5	6	7	4	2	9
5	6	9	4	8	2	7	3	1
1	5	3	2	7	6	8	9	4
8	4	2	1	9	5	3	6	7
7	9	6	8	3	4	1	5	2
9	7	1	6	5	3	2	4	8
2	8	5	9	4	1	6	7	3
6	3	4	7	2	8	9	1	5

220

3	9	5	1	2	8	4	6	7
6	2	4	3	9	7	1	5	8
8	1	7	5	6	4	2	3	9
4	7	3	8	5	1	9	2	6
5	6	2	4	7	9	8	1	3
9	8	1	6	3	2	7	4	5
7	5	8	2	1	6	3	9	4
2	3	9	7	4	5	6	8	1
1	4	6	9	8	3	5	7	2

221

1	4	2	5	6	7	8	3	9
6	5	8	9	3	2	1	7	4
3	7	9	8	1	4	2	5	6
9	3	5	7	4	1	6	8	2
2	8	1	3	5	6	9	4	7
4	6	7	2	9	8	5	1	3
8	1	6	4	2	3	7	9	5
5	2	4	1	7	9	3	6	8
7	9	3	6	8	5	4	2	1

222

9	6	8	5	1	4	7	3	2
3	1	4	9	2	7	5	8	6
2	7	5	6	8	3	4	9	1
8	9	1	7	3	2	6	4	5
6	4	7	8	5	9	1	2	3
5	3	2	4	6	1	8	7	9
7	2	6	1	9	8	3	5	4
1	8	9	3	4	5	2	6	7
4	5	3	2	7	6	9	1	8

223

9	7	3	8	2	1	6	5	4
6	5	1	4	7	3	2	8	9
4	2	8	6	9	5	1	3	7
5	4	2	9	1	6	3	7	8
7	3	6	2	8	4	5	9	1
8	1	9	5	3	7	4	2	6
1	9	7	3	6	2	8	4	5
3	8	4	1	5	9	7	6	2
2	6	5	7	4	8	9	1	3

224

5	4	8	1	2	3	7	6	9
2	3	7	5	9	6	8	1	4
6	1	9	7	4	8	2	5	3
3	8	5	2	7	9	1	4	6
1	9	6	8	5	4	3	7	2
4	7	2	6	3	1	5	9	8
8	2	4	9	1	7	6	3	5
9	6	1	3	8	5	4	2	7
7	5	3	4	6	2	9	8	1

225

1	8	3	5	2	9	4	7	6
5	4	9	7	6	1	3	8	2
2	6	7	3	4	8	1	9	5
3	2	8	1	7	6	9	5	4
9	7	1	2	5	4	6	3	8
4	5	6	9	8	3	2	1	7
6	1	5	4	3	7	8	2	9
7	3	4	8	9	2	5	6	1
8	9	2	6	1	5	7	4	3

226

5	4	8	3	2	6	1	9	7
9	3	7	1	5	8	4	6	2
6	2	1	7	4	9	8	3	5
2	8	4	9	7	5	6	1	3
1	5	3	8	6	2	7	4	9
7	9	6	4	1	3	5	2	8
4	7	5	2	3	1	9	8	6
8	6	2	5	9	4	3	7	1
3	1	9	6	8	7	2	5	4

227

7	8	6	3	2	4	5	9	1
4	5	3	1	9	7	6	2	8
9	1	2	5	8	6	7	3	4
5	6	7	8	1	2	3	4	9
1	3	4	6	7	9	2	8	5
8	2	9	4	5	3	1	7	6
6	9	1	2	3	8	4	5	7
3	4	8	7	6	5	9	1	2
2	7	5	9	4	1	8	6	3

228

4	2	5	8	9	7	3	1	6
7	8	6	2	3	1	5	9	4
3	1	9	6	5	4	8	7	2
1	6	3	7	2	5	9	4	8
8	5	2	9	4	3	7	6	1
9	4	7	1	6	8	2	5	3
5	3	8	4	1	9	6	2	7
6	7	1	5	8	2	4	3	9
2	9	4	3	7	6	1	8	5

229

5	6	8	3	1	7	9	4	2
3	1	2	4	9	8	5	7	6
7	9	4	5	6	2	8	3	1
9	4	1	7	2	5	6	8	3
8	3	7	1	4	6	2	9	5
6	2	5	9	8	3	4	1	7
2	8	3	6	7	9	1	5	4
1	5	6	8	3	4	7	2	9
4	7	9	2	5	1	3	6	8

230

5	3	6	9	7	2	1	4	8
8	1	7	4	5	3	9	6	2
4	2	9	8	6	1	3	5	7
7	4	2	5	3	6	8	1	9
3	6	1	7	8	9	4	2	5
9	8	5	2	1	4	7	3	6
1	9	3	6	2	8	5	7	4
6	7	4	3	9	5	2	8	1
2	5	8	1	4	7	6	9	3

231

6	3	8	5	1	9	7	4	2
2	5	1	8	4	7	3	9	6
4	9	7	3	6	2	1	5	8
7	2	9	4	5	8	6	3	1
1	8	6	9	2	3	5	7	4
5	4	3	1	7	6	8	2	9
8	1	5	2	3	4	9	6	7
3	6	2	7	9	1	4	8	5
9	7	4	6	8	5	2	1	3

232

8	5	6	3	2	1	7	4	9
7	2	3	4	9	6	1	5	8
1	4	9	7	8	5	6	3	2
6	1	5	9	7	3	8	2	4
4	3	2	1	6	8	5	9	7
9	8	7	5	4	2	3	1	6
3	6	4	8	5	9	2	7	1
2	9	1	6	3	7	4	8	5
5	7	8	2	1	4	9	6	3

233

5	2	6	1	3	8	9	7	4
3	1	7	4	5	9	8	2	6
8	4	9	6	7	2	3	5	1
4	9	2	5	1	3	7	6	8
6	8	3	2	9	7	1	4	5
1	7	5	8	4	6	2	3	9
2	5	1	7	8	4	6	9	3
7	3	8	9	6	5	4	1	2
9	6	4	3	2	1	5	8	7

234

4	3	2	1	7	9	8	5	6
7	5	1	2	8	6	3	9	4
8	9	6	4	5	3	2	7	1
2	6	5	7	1	4	9	3	8
1	7	3	9	6	8	4	2	5
9	4	8	3	2	5	1	6	7
5	2	7	8	3	1	6	4	9
3	8	4	6	9	7	5	1	2
6	1	9	5	4	2	7	8	3

235

6	3	4	1	5	2	7	8	9
5	9	8	4	3	7	1	2	6
1	2	7	6	9	8	3	4	5
2	6	3	5	7	1	8	9	4
9	8	1	3	4	6	2	5	7
4	7	5	2	8	9	6	3	1
8	4	6	7	2	5	9	1	3
3	1	2	9	6	4	5	7	8
7	5	9	8	1	3	4	6	2

236

3	5	9	7	6	4	2	1	8
7	2	6	1	3	8	5	4	9
1	4	8	5	2	9	3	7	6
2	9	7	8	4	6	1	3	5
4	8	1	3	9	5	6	2	7
6	3	5	2	1	7	8	9	4
9	6	2	4	8	3	7	5	1
5	1	4	6	7	2	9	8	3
8	7	3	9	5	1	4	6	2

237

4	9	8	1	2	3	6	7	5
3	2	6	7	9	5	8	4	1
5	7	1	4	6	8	2	3	9
2	8	9	5	7	4	3	1	6
1	3	4	9	8	6	7	5	2
7	6	5	2	3	1	9	8	4
6	4	7	8	1	2	5	9	3
8	1	2	3	5	9	4	6	7
9	5	3	6	4	7	1	2	8

238

1	3	4	5	6	7	8	2	9
7	8	9	1	2	3	5	6	4
6	5	2	8	4	9	3	7	1
5	1	8	2	9	4	7	3	6
3	4	6	7	1	5	2	9	8
2	9	7	3	8	6	4	1	5
9	6	5	4	7	2	1	8	3
8	7	3	9	5	1	6	4	2
4	2	1	6	3	8	9	5	7

239

1	2	5	8	3	9	6	7	4
7	4	9	6	1	2	3	8	5
8	6	3	7	4	5	9	2	1
2	9	7	3	6	1	5	4	8
6	3	8	5	7	4	1	9	2
5	1	4	2	9	8	7	3	6
3	8	2	1	5	7	4	6	9
4	7	1	9	8	6	2	5	3
9	5	6	4	2	3	8	1	7

240

7	6	4	5	2	8	1	3	9
2	9	3	1	7	4	5	6	8
1	8	5	9	6	3	4	2	7
3	4	8	7	5	2	6	9	1
9	5	7	6	3	1	8	4	2
6	1	2	4	8	9	7	5	3
5	7	9	3	1	6	2	8	4
8	3	1	2	4	5	9	7	6
4	2	6	8	9	7	3	1	5

241

7	6	5	8	3	2	4	1	9
8	3	4	6	9	1	5	7	2
2	1	9	7	5	4	6	3	8
9	7	8	3	1	5	2	6	4
6	5	3	2	4	7	9	8	1
4	2	1	9	8	6	3	5	7
3	8	6	4	7	9	1	2	5
5	4	7	1	2	3	8	9	6
1	9	2	5	6	8	7	4	3

242

2	8	3	6	4	5	1	7	9
9	1	6	2	7	8	5	3	4
7	5	4	1	3	9	8	2	6
4	6	1	7	2	3	9	8	5
8	3	2	5	9	6	7	4	1
5	7	9	4	8	1	2	6	3
3	4	7	9	5	2	6	1	8
1	9	8	3	6	7	4	5	2
6	2	5	8	1	4	3	9	7

243

8	9	5	6	2	1	4	7	3
1	4	6	8	3	7	2	9	5
3	7	2	4	5	9	1	6	8
9	2	3	1	6	4	5	8	7
4	6	7	5	9	8	3	1	2
5	8	1	2	7	3	6	4	9
2	1	8	9	4	5	7	3	6
7	5	4	3	8	6	9	2	1
6	3	9	7	1	2	8	5	4

244

5	4	6	8	1	7	3	2	9
2	1	9	3	5	4	7	8	6
8	7	3	2	6	9	4	5	1
4	6	2	5	3	8	1	9	7
7	3	8	9	2	1	6	4	5
9	5	1	4	7	6	2	3	8
6	2	5	1	8	3	9	7	4
1	8	4	7	9	2	5	6	3
3	9	7	6	4	5	8	1	2

245

5	4	8	2	7	6	1	9	3
7	1	2	3	4	9	8	6	5
9	6	3	5	1	8	7	2	4
3	8	9	6	5	2	4	7	1
6	5	4	1	9	7	2	3	8
1	2	7	4	8	3	9	5	6
2	9	5	8	6	4	3	1	7
4	3	6	7	2	1	5	8	9
8	7	1	9	3	5	6	4	2

246

4	7	2	6	3	8	5	1	9
9	6	3	5	2	1	8	7	4
1	5	8	4	7	9	6	3	2
6	1	5	8	9	2	3	4	7
8	9	7	3	6	4	2	5	1
2	3	4	7	1	5	9	8	6
3	4	6	2	5	7	1	9	8
7	2	1	9	8	3	4	6	5
5	8	9	1	4	6	7	2	3

247

6	2	3	1	4	8	5	9	7
4	9	8	6	7	5	3	1	2
1	5	7	2	3	9	6	8	4
2	3	6	7	1	4	8	5	9
5	4	1	8	9	6	7	2	3
8	7	9	5	2	3	4	6	1
7	6	4	9	5	2	1	3	8
3	8	2	4	6	1	9	7	5
9	1	5	3	8	7	2	4	6

248

3	4	9	8	6	2	5	1	7
2	1	7	5	4	9	6	3	8
6	8	5	3	1	7	9	2	4
7	3	6	9	8	4	1	5	2
1	2	4	6	5	3	7	8	9
9	5	8	7	2	1	4	6	3
8	7	1	2	9	5	3	4	6
4	6	3	1	7	8	2	9	5
5	9	2	4	3	6	8	7	1

249

4	9	8	3	1	7	2	5	6
2	7	1	5	9	6	8	4	3
3	5	6	8	4	2	7	9	1
5	6	4	1	2	8	9	3	7
7	1	9	6	5	3	4	2	8
8	2	3	9	7	4	6	1	5
6	8	5	2	3	9	1	7	4
1	4	2	7	8	5	3	6	9
9	3	7	4	6	1	5	8	2

250

6	9	3	5	2	8	7	1	4
1	4	2	3	6	7	5	8	9
8	5	7	1	4	9	3	2	6
5	6	8	9	1	4	2	7	3
3	1	4	6	7	2	8	9	5
2	7	9	8	5	3	4	6	1
9	3	1	2	8	5	6	4	7
4	2	6	7	3	1	9	5	8
7	8	5	4	9	6	1	3	2

251

7	3	8	4	5	9	1	2	6
5	9	4	1	2	6	7	3	8
6	2	1	7	3	8	9	4	5
8	1	6	9	7	2	3	5	4
3	7	2	5	1	4	8	6	9
9	4	5	8	6	3	2	1	7
4	5	7	2	9	1	6	8	3
2	6	9	3	8	5	4	7	1
1	8	3	6	4	7	5	9	2

252

7	4	6	9	8	2	5	1	3
9	2	1	4	5	3	8	6	7
5	3	8	7	1	6	4	9	2
8	9	4	6	3	5	2	7	1
1	5	7	2	9	8	6	3	4
2	6	3	1	4	7	9	5	8
4	8	5	3	6	1	7	2	9
6	1	2	8	7	9	3	4	5
3	7	9	5	2	4	1	8	6

253

9	8	6	3	7	5	4	2	1
2	7	4	1	9	6	5	3	8
1	5	3	8	4	2	6	7	9
5	2	7	9	1	8	3	4	6
4	6	9	5	2	3	8	1	7
3	1	8	7	6	4	9	5	2
8	9	2	4	3	7	1	6	5
7	3	1	6	5	9	2	8	4
6	4	5	2	8	1	7	9	3

254

9	2	1	3	6	8	4	7	5
3	7	5	9	2	4	8	6	1
6	4	8	5	1	7	3	9	2
1	6	2	7	3	5	9	8	4
5	9	7	8	4	2	1	3	6
8	3	4	6	9	1	5	2	7
4	1	3	2	7	9	6	5	8
7	5	6	4	8	3	2	1	9
2	8	9	1	5	6	7	4	3

255

1	3	7	4	5	6	2	9	8
2	9	6	3	8	1	5	4	7
5	4	8	7	2	9	6	1	3
6	2	9	5	7	8	4	3	1
4	7	1	6	3	2	8	5	9
8	5	3	1	9	4	7	2	6
7	6	2	9	4	3	1	8	5
3	1	4	8	6	5	9	7	2
9	8	5	2	1	7	3	6	4